中等职业教育汽车专业理实一体化系列教材

汽车短视频营销

主　编　王海霞　王　敏

副主编　吴晓斌　刘玉洁　尤俣骁

参　编　张玲玲　那　娜　张樱子　王春晖

　　　　朱晨涛　曹国栋　杨　康　吴亮亮

随书资源

机械工业出版社

本书以汽车市场脉动为指针，将汽车行业的前沿营销动态与短视频创作的最新趋势相结合，旨在培养一批符合 T/CICE 003—2023《汽车网络营销技术服务职业能力评价规范　第 2 部分：汽车视频创推师》岗位标准，既具备汽车专业知识又精通短视频营销的复合型人才。本书采用项目化、任务制的编排架构，详尽阐述了短视频从策划到制作、再到推广的全过程，包括策划构思、拍摄实施、后期剪辑等各个环节，同时深入探索了汽车行业的多个细分领域。

本书具有严谨的学术导向、合理的章节布局、全面的内容覆盖、实用的写作风格以及丰富的教学资源等多重优势和亮点，适合中等职业学校汽车服务与营销等专业教学及相关读者自学与培训使用。

图书在版编目（CIP）数据

汽车短视频营销 / 王海霞，王敏主编. -- 北京：
机械工业出版社，2025.6. --（中等职业教育汽车专业
理实一体化系列教材）. -- ISBN 978-7-111-78474-6

Ⅰ. F713.365.2

中国国家版本馆CIP数据核字第2025RR2575号

机械工业出版社（北京市百万庄大街22号　邮政编码100037）
策划编辑：李崇康　　　　　　　　责任编辑：李崇康
责任校对：赵玉鑫　王　捷　景　飞　封面设计：陈　沛
责任印制：张　博
北京建宏印刷有限公司印刷
2025年7月第1版第1次印刷
184mm×260mm · 15印张 · 235千字
标准书号：ISBN 978-7-111-78474-6
定价：49.90元

电话服务　　　　　　　网络服务
客服电话：010-88361066　机　工　官　网：www.cmpbook.com
　　　　　010-88379833　机　工　官　博：weibo.com/cmp1952
　　　　　010-68326294　金　书　网：www.golden-book.com
封底无防伪标均为盗版　机工教育服务网：www.cmpedu.com

FOREWORD
前 言

　　在数字化浪潮席卷全球的今天，汽车行业正经历着前所未有的变革。随着短视频平台的兴起和普及，汽车营销也迎来了新的机遇与挑战。为了顺应这一趋势，中国交通教育研究会适时制定了《汽车网络营销技术服务职业能力评价规范》，其中汽车视频创推师岗位标准的出台，为汽车短视频营销领域的人才培养提供了明确的方向和依据。

　　在此背景下，我们精心编撰了《汽车短视频营销》这本书。本书紧密围绕汽车视频创推师岗位标准，以汽车短视频创推师的岗位工作流程为导向，采用项目式、任务化的结构进行编写，为中高职汽车专业新媒体营销方向的学习注入了活力，同时力求为汽车新媒体从业者提供一本实用性、操作性强的专业指南。

　　全书共设置了6个项目，涵盖了汽车短视频营销的各个方面，包括汽车短视频营销认知、汽车短视频账号准备、汽车短视频内容策划、汽车短视频拍摄与制作、汽车短视频账号推广、汽车短视频账号数据管理等关键环节。共细分为18个具体的学习任务，每个任务都通过情景描述和情景分析，引导学习者深入理解汽车短视频营销的实际应用场景和挑战。同时，每个任务都明确了学习目标、知识储备和技能训练要求，确保学习者在理论学习与实践操作之间实现无缝对接，真正做到理实一体化。

　　在内容编排上，我们注重理论与实践的紧密结合，通过丰富的案例分析和实战演练，帮助学习者掌握汽车短视频营销的核心技能和策略。同时，我们也关注行业动态和最新趋势，力求使教材内容保持前瞻性和时效性。

　　我们相信，通过对本书的学习，广大学习者不仅能够全面了解汽车短视频营销的基本知识和流程，更能够掌握实际操作中的关键技能和方法。无论是对于正在从事汽车短视频营销工作的专业人士，还是对于有志于进入这一领域的新人而言，本书都将是不可多得的宝贵资源。

本书由王海霞、王敏担任主编，吴晓斌、刘玉洁、尤俣骁担任副主编，参与本书编写的还有张玲玲、那娜、张樱子、王春晖、朱晨涛、曹国栋、杨康、吴亮亮等。

在此，我们要特别感谢中国交通教育研究会及其专家团队在制定《汽车网络营销技术服务职业能力评价规范》过程中所付出的辛勤努力和卓越贡献。正是有了这样权威、科学的标准作为指导，我们的教材编写工作才得以顺利进行并达到预期目标。

最后，我们期待本书的出版能够为中国汽车短视频营销领域的人才培养贡献一份力量，同时也希望能够得到广大读者和专家的批评指正与宝贵建议。让我们携手共进，共同推动中国汽车短视频营销事业的繁荣发展！

教学课时安排建议：

项目内容	课时分配	
	理论讲授	实训操作
项目一　汽车短视频营销认知	2	—
项目二　汽车短视频账号准备	6	2
项目三　汽车短视频内容策划	8	4
项目四　汽车短视频拍摄与制作	8	4
项目五　汽车短视频账号推广	6	2
项目六　汽车短视频账号数据管理	4	2
合计	34	14

编者

视频二维码索引

CONTENTS
目 录

项目三　汽车短视频内容策划

项目四　汽车短视频拍摄与制作

项目五 汽车短视频账号推广

项目一 汽车短视频营销认知

学习任务一 汽车短视频营销概述

汽车短视频营销概述

情境描述

随着抖音、B站、快手、小红书等短视频平台的兴起，越来越多的创作者开始入驻这些平台。某市职业学院即将毕业的王同学作为一名抖音用户，经常带着班里的同学们"创作"短视频，凭着王同学的活跃度，拥有了很多粉丝。老师建议王同学结合自己的优势去本市知名汽车 4S 店工作，王同学和家人商量后决定去试试。上岗后，他发现短视频营销是 4S 店的短板，于是他向领导汇报了他的想法，得到了领导的高度赞扬。

情境分析

在互联网高速发展的今天，短视频、直播对于每个人来说都不陌生，只要你在家有时间，靠着一部手机、一个支架就可以完成低成本的创业。对于企业来讲，一条短视频、一场直播就可以让几万、几十万甚至上百万人了解企业、看到产品，现在是"流量为王"的时代，流量等于人，流量在哪儿人就在哪儿。王同学要想让自身的优势与汽车营销完美结合，就需要了解汽车短视频营销的特点、发展历程及其在汽车营销中的作用，还要知道汽车短视频营销适用于哪些场景，并可以针对不同类型的客户进行精准推广。通过精心策划和制作短视频内容，有效地提升汽车品牌知名度，吸引潜在客户并促进销售，为成交奠定坚实的基础。

学习目标

知识目标

- 能描述汽车短视频营销的定义与特点。

- 能描述汽车短视频营销的发展历程。
- 能描述汽车短视频营销的适用场景和目标客户。
- 能描述汽车短视频营销在汽车营销中的作用。

技能目标

- 会从各类汽车短视频提炼其营销的特点。
- 会区分汽车短视频营销的场景和目标客户。

素养目标

- 具有积极向上的学习态度。
- 具有新媒体营销意识。
- 具有快速学习的能力，适应能力强。

汽车短视频营销在自媒体时代已经成为一种非常重要的内容形式，深入了解汽车短视频营销的特点、发展历程及其在汽车营销中的作用，可以以最短、最直观的方式传递信息，快速地吸引消费者的注意力，从而增强品牌的影响力和认知度，吸引潜在消费者并提升消费业绩。

知识储备一　汽车短视频营销的定义与特点

随着网络成为很多人生活中不可或缺的一部分，短视频营销逐渐成为企业营销的重要手段之一。对于汽车行业来说，短视频也成了一种有效的营销工具，针对年轻一代消费者群体，短视频正成为他们获取信息、娱乐、社交的主要渠道之一，因此通过短视频营销来吸引和留住年轻消费者已成为汽车品牌的必然选择。

一、汽车短视频营销的定义

汽车短视频营销是一种以短视频形式来宣传汽车品牌和产品的营销手段。它主要是在短视频平台上发布有关汽车特点和服务的宣传视频，通过有趣、创新的形式向目标用户展示汽车特点及服务，从而挖掘潜在客户，提高品牌知名度和销售额。

二、汽车短视频营销的特点

汽车短视频营销已经成为汽车行业推广产品和服务的重要方式。通过短视频，汽车企业可以吸引消费者的注意力，生动展示汽车特点，增强信任背书，引导成交。汽车短视频营销的特点如下。

1. 生动直观的视觉展示

汽车短视频通常会采用高清画面、多角度拍摄、音乐配合等手法，以突出汽车外观、性能、特色等方面的视觉效果。相比于传统的文字和图片描述，汽车短视频能够更直观地吸引消费者的注意力，并传递产品的核心卖点。

2. 快速传播与广泛覆盖

短视频平台具有用户基数大、传播速度快的特点，汽车企业通过在这些平台上发布短视频，能够迅速将产品信息传递给大量潜在用户。同时，用户之间的分享和转发也进一步扩大了信息的覆盖范围。

3. 高度个性化和定制化

汽车企业可以根据不同的产品特点和目标受众，制作具有针对性的短视频内容。这种个性化和定制化的营销策略能够更好地满足消费者的需求，提升他们对产品的兴趣和认同感。

4. 强大的互动性和参与感

汽车短视频营销可以通过设置话题讨论、互动游戏、抽奖活动等方式，引导观众参与并分享自己的见解和体验。这种互动性和参与感不仅增强了消费者对品牌的认知度和好感度，还提高了他们的购买意愿和忠诚度。

5. 精准定位和目标受众覆盖

通过短视频平台的数据分析功能，汽车企业可以精准地定位目标受众，如年轻人、城市白领、家庭主妇等，并且了解他们的兴趣、需求和购买行为。

这有助于企业制定更精准的营销策略，提高营销效果和转化率。

6. 创意性和故事性强

汽车短视频营销通常注重创意和故事性，通过讲述有趣或感人的故事，吸引消费者的情感共鸣，增强品牌与消费者之间的情感连接。这种情感化的营销方式有助于提升品牌形象和认知度。

7. 强调品牌形象

汽车短视频营销不仅仅是为了宣传某种汽车产品或服务，更重要的是通过短视频来塑造汽车企业的品牌形象和价值观。

知识储备二　汽车短视频营销的发展历程

一、汽车短视频营销的发展历程

汽车短视频营销的发展经历了萌芽与探索、技术推动与升级、内容创新与多样化、用户互动与参与以及数据分析与精准营销等多个阶段。随着技术的不断进步和市场的不断变化，汽车短视频营销将继续迎来新的发展机遇和挑战。

1. 萌芽与探索阶段

随着互联网技术的迅速发展和智能手机的普及，短视频平台如雨后春笋般涌现，为汽车营销带来了新的机遇。在这一阶段，汽车品牌开始尝试在短视频平台上发布产品介绍、试驾体验等内容，以此吸引消费者的关注。这些早期的短视频内容形式较为单一，主要以静态画面配以文字或语音解说为主，但已初步展现出短视频在汽车营销中的潜力。

2. 技术推动与升级阶段

随着5G技术的商用和AI（人工智能）技术的不断发展，汽车短视频营销迎来了技术推动与升级的新阶段。5G技术的高速传输和低延迟特性，使得短视频内容可以更加流畅地呈现给用户，同时也为实时互动和高清画质提供了有力保障。AI技术的应用则使得短视频的制作和推荐更加智能化，可以根据用户的兴趣和行为习惯进行精准推送，提高营销效果。

在这一阶段，汽车品牌开始注重短视频内容的质量和创意性，采用更加生动、有趣的方式展示产品特点和优势。同时，一些品牌也开始尝试与网红、KOL（意见领袖）等合作，通过他们的影响力吸引更多潜在消费者。

3. 内容创新与多样化阶段

随着市场竞争的加剧和消费者需求的多样化，汽车短视频营销在内容创新方面取得了显著进步。汽车品牌开始尝试不同的内容形式，如剧情短片、Vlog（视频网络日志）、直播等，以更加贴近用户生活的方式展示产品。同时，一些品牌还开始注重内容的情感价值和文化内涵，通过讲述故事、传递理念等方式与消费者建立情感连接。

此外，汽车品牌还开始探索与其他行业的跨界合作，通过联合推广、共同打造活动等方式拓展营销渠道和受众群体。

4. 用户互动与参与阶段

随着社交媒体和短视频平台的普及，用户互动和参与成为汽车短视频营销的重要组成部分。汽车品牌开始注重与用户的互动体验，通过发起话题挑战、征集用户作品、举办线上活动等方式吸引用户参与。这些活动不仅提高了用户的参与度和黏性，还为品牌积累了大量的用户生成内容（UGC），进一步扩大了品牌的影响力。

同时，汽车品牌还开始注重用户反馈和需求收集，通过数据分析和用户调研了解用户对于产品和营销活动的看法和建议，以便不断优化和改进。

5. 数据分析与精准营销阶段

随着大数据和人工智能技术的不断发展，汽车短视频营销逐渐进入了数据分析与精准营销的新阶段。通过对用户行为数据、观看数据、互动数据等进行深度挖掘和分析，汽车品牌可以更加精准地了解用户的需求和偏好，从而制定更加有针对性的营销策略。

在这一阶段，汽车品牌开始注重数据驱动的决策和优化，通过不断调整和优化内容、渠道和投放策略来提高营销效果。同时，一些品牌还开始尝试利用 AI 技术实现自动化营销和个性化推荐，提高营销效率和用户体验。

二、汽车短视频营销的发展趋势

随着社交媒体和短视频平台的兴起，人们对短视频的需求和接受程度不断提高，汽车短视频营销也在不断创新和升级。

1. 视频内容的多样化

汽车短视频营销将会更加多样化，除了产品介绍和品牌宣传外，还会融合更多有趣的小故事、亲近自然的旅行经历等元素，打造更具创意和感染力的视频内容。

2. 技术手段的升级

随着 AR（增强现实）、VR（虚拟现实）技术的普及和应用，汽车短视频营销将会更多采用这些技术手段，以提高视频的互动性和沉浸感。

3. 与用户互动的增加

汽车短视频将更加注重与用户的互动和参与度，例如通过互动游戏、抽奖活动等形式，增加用户的参与和忠诚度。

4. 大数据的运用

汽车短视频结合大数据分析，了解受众需求和反馈，精准分析用户，根据数据调整营销策略和制作方向，提高汽车短视频的营销效果和商业价值。

利用短视频营销已然成为当前汽车行业营销的重要趋势和方向之一，作为新兴的数字营销方式，伴随着 AI 技术的进步与结合，汽车企业、代理商和经销商都在不断创新与学习。

知识储备三　汽车短视频营销的适用场景和目标客户

对于汽车企业、代理商和经销商来说，短视频平台的用户群体规模非常庞大，可以覆盖到大量的潜在客户。利用生动有趣的内容形式，在吸引用户注意力的同时，还可以通过短视频平台精准的推荐算法，将相关视频推送给潜在客户，进一步提高营销效果和转化率。

一、汽车短视频营销的适用场景

汽车短视频营销适用于多种场景，既可以用于产品展示和推广，也可以用于品牌形象塑造和传播，还能够提供有价值的知识和增强与客户的互动。通过精心策划和制作短视频内容，可以有效地提升品牌知名度，吸引潜在客户并促进销售。

1. 产品展示与介绍

对于新款或特色车型，短视频能够通过生动的画面和详细的介绍，突出其外观设计、内部配置、驾驶体验等方面的亮点。这种直观的展示方式有助于潜在客户更深入地了解产品，增强购买意愿。

2. 活动推广与宣传

无论是车展、试驾体验还是其他促销活动，短视频都可以成为活动推广的利器。通过短视频展示活动的现场氛围、亮点以及参与方式，能够吸引更多目标客户关注和参与，提升活动效果。

3. 品牌形象塑造与传播

短视频可以展现汽车品牌的独特魅力和文化内涵，通过精心策划的内容，展现品牌的创新、品质、服务等方面的优势。这有助于提升品牌形象和知名度，增强消费者对品牌的认同感和好感度。

4. 驾驶技巧与知识分享

短视频可以制作一些教育性质的内容，如驾驶技巧、车辆保养基本知识、维护技巧、常见故障排查和维修方面的知识。这不仅能够提供有价值的信息给潜在和现有客户，还能增强与客户的互动和黏性，进一步巩固品牌形象。

5. 线上线下互动营销

短视频可以配合线上线下的营销活动，如通过短视频引导观众参与抽奖、互动游戏等，或者作为线下活动的预热和延续。这种互动性的营销方式能够激发观众的兴趣和参与度，提升营销效果。

二、汽车短视频营销的目标客户

短视频、直播对汽车行业带来的改变背后也是汽车主力消费人群的改变。从消费端反馈的数据看，"80后"已经成为车型置换的主力，"90后"和"00后"已经开始购入自己的第一辆汽车，而这三个时代的群体成长在国内信息化发展的浪潮中，对网络购物，甚至购车、购房都持有积极的态度，是全面拥抱网络的时代群体。

1. 年轻消费者

年轻消费者，特别是那些活跃在社交媒体和网络平台上的年轻人，是汽车短视频营销的重要目标客户。他们习惯于通过短视频获取信息和娱乐，对新鲜、有趣、创意性强的内容有着较高的接受度和兴趣。汽车短视频可以通过展现汽车的时尚外观、先进科技以及年轻化的品牌形象，吸引年轻消费者的关注和购买意愿。

2. 潜在购车者

对于正在考虑购买汽车的潜在购车者，汽车短视频营销能够提供详细的产品信息和直观的展示，帮助他们更好地了解不同车型的外观、内饰、性能以及价格等方面的差异。这些潜在购车者可能是首次购车者或者升级换代的消费者，他们对汽车有一定的需求和关注，通过短视频可以更便捷地获取所需信息，从而做出更明智的购车决策。

3. 汽车爱好者和发烧友

汽车爱好者和发烧友对汽车文化、性能和技术等方面有着浓厚的兴趣和了解。他们关注最新的汽车技术、赛事及行业动态，并愿意投入更多的时间和金钱来追求自己心仪的车型和驾驶体验。汽车短视频可以通过展示高性能车型、赛车场景以及汽车文化相关内容，吸引这些热爱汽车的受众，并激发他们对特定品牌或车型的兴趣和购买欲望。

4. 社交媒体活跃用户

那些经常在社交媒体上浏览、点赞和分享的用户也是汽车短视频营销的重要目标客户。这些用户通常对社交媒体上的内容有较高的参与度，喜欢通过分享和讨论来表达自己的观点和喜好。汽车短视频可以通过创造有趣、引人入胜的内容，激发这些用户的参与热情，并通过他们的分享扩大品牌的影响力。

这些客户群体的特点和需求各不相同，但都对汽车短视频营销具有较高的潜在价值和吸引力。

知识储备四　汽车短视频营销在汽车营销中的作用

汽车企业借助短视频平台进行营销，可以切身体会到短视频平台带来的好处。拿抖音平台来说，首先，抖音的全球用户基数巨大，截至2023年，抖音的月活跃用户超过6亿，覆盖了广泛的年龄群体和社会阶层，这为汽车品牌提供了一个多元化的营销受众。其次，抖音的用户参与度高，日均使用时长超过70分钟，为汽车品牌提供了足够的时间窗口来吸引和互动用户。再者，抖音平台支持多种形式的营销活动，包括短视频、直播、挑战活动等，吸引汽车品牌以创新的方式推广其产品和服务，其中 DouCar 项目的启动，更是受到汽车厂商的好评。最后，抖音的算法推荐系统能够有效提升内容的曝光率，帮助汽车品牌实现精准营销。汽车短视频营销在汽车营销中的作用具体体现在以下几个方面。

1. 提升品牌知名度和曝光率

短视频平台用户众多，覆盖范围广泛，通过在这些平台上传汽车品牌宣传视频，能够迅速传达品牌形象和核心价值观，提升品牌知名度。此外，短视频具有信息传播迅速的特点，一段有趣、精彩的汽车广告视频能够迅速在短视频平台引起关注和分享，从而进一步提升品牌曝光率。

2. 增强消费者参与度和互动性

短视频平台提供了用户评论、点赞、分享等互动功能，这种互动性能够有效增强消费者与品牌之间的互动和参与度。通过发布汽车行业相关的参与性活动或挑战，吸引用户参与，不仅会提高用户对品牌的认知和好感，还能够激发消费者的购买欲望。

3. 提供产品展示和购买渠道

短视频平台为汽车品牌提供了展示汽车产品和技术的平台，通过视频展示汽车外观、内饰、驾驶体验等，能够直观地呈现产品特点，吸引消费者的关注。在短视频中集成购买链接或二维码，还能够直接将消费者引导到官方网站或电商平台进行购买，提升购买转化率。

4. 扩大受众范围和细分市场

短视频平台用户群体广泛，涵盖各年龄段、各社会阶层，通过在不同平台选择性发布和推广汽车品牌和产品的视频，能够更准确地将信息传递给目标受众。此外，短视频还可以通过定向推送等方式，将特定内容推送给感兴趣的用户，从而进一步拓展细分市场。

5. 增强用户体验和情感共鸣

短视频是一种高度娱乐化的内容形式，能够通过动态画面和音乐等元素，营造出丰富多样的视听效果，增强用户的观看体验。好的汽车营销视频能够通过故事情节或情感表达，与用户建立情感共鸣，促使用户产生情感认同，从而提升品牌忠诚度。

6. 监测市场反馈和优化营销策略

通过短视频营销，汽车企业可以实时监测市场反馈和消费者需求，了解消费者对产品的看法和评价。这有助于企业及时调整和优化营销策略，更好地满足消费者需求，提升市场竞争力。

汽车短视频营销在汽车营销中的作用不可忽视，汽车行业应积极借助短视频平台的力量，加强与内容创作者合作，开展创新的营销活动，提升品牌影响力和销售业绩。在利用短视频进行汽车营销时，需要注意视频质量、内容创意等方面的把握，精准定位受众，以及实时跟踪和分析数据等方面的工作，才能取得最佳效果。

汽车短视频营销
概述学生工作页

技能训练 鉴赏汽车短视频

1. 准备工作（表 1-1）

表 1-1 鉴赏汽车短视频技能训练准备工作

场地准备	设备准备	工具准备	课堂布置
对应数量的桌椅	一体机	手机	分组讨论

2. 分组讨论

1）利用手机搜索一个国产汽车品牌的短视频。

2）概述所选取短视频的特点。

3）概述所选取短视频的适用场景和目标客户。

3. 展示评比

各小组推选一名同学在一体机上展示短视频并概括其内容要点，老师进行总结并点评。

4. 评价表（表 1-2）

表 1-2 鉴赏汽车短视频技能训练评价表

评价项目	选择短视频（20分）	短视频特点概述（20分）	短视频适用场景和目标客户概述（20分）	团队协作（20分）	综合表现（20分）	总分（100分）
评价标准	能否正确选择国产汽车品牌短视频，并正确概述短视频的特点及适用场景和目标客户				礼仪规范 语言组织	自评得分（　　）
第　组						
点评记录	优点					
	缺点					

5. 自我总结

认识汽车短视频
创推师

学习任务二　认识汽车短视频创推师

情境描述

　　王同学是一位刚从某市职业学院脱颖而出的优秀学子，凭借着在校期间的卓越表现，顺利被推荐至本市一家知名汽车 4S 店工作。随着网络技术的日新月异，网络营销的重要性在 4S 店的经营活动中日益凸显。鉴于王同学在校期间展现出的敏锐洞察力和创新精神，店长对他寄予厚望，决定将其安排至新媒体运营部门工作，担当起汽车短视频创推师这一重任。那么，王同学将如何踏上这条充满挑战与机遇的征途，成为一名合格的汽车视频创推师呢？

情境分析

　　在移动互联网的浪潮下，短视频已然成为用户获取汽车信息的新宠。作为汽车视频创推师，王同学需要深刻认识到自己的定位、岗位职责以及应具备的专业素养和技能。他的角色不仅仅是创作者，更是汽车品牌与消费者之间的桥梁和纽带，需要紧跟时代步伐，充分利用短视频平台的传播优势，为汽车品牌营销注入新的活力，通过精湛的视频创作和推广技能，深入挖掘汽车产品的特点和优势，将其生动、直观地呈现给潜在用户，从而激发消费者的购买欲望，促进汽车销售，进一步推动品牌形象的传播和影响力的提升。

学习目标

知识目标

- 能描述汽车短视频创推师的定义。
- 能描述汽车短视频创推师的定位。
- 能描述汽车短视频创推师的岗位职责及工作内容。
- 能描述汽车短视频创推师应具备的专业素养和技能要求。

技能目标

- 会根据汽车短视频创推师的定位制定发展方向。
- 会根据汽车短视频创推师的岗位职责做好职业规划。
- 会根据汽车短视频创推师的技能要求做好学习准备。

素养目标

- 具备全局观念和战略思维。
- 具备自我认知和职业规划能力。
- 具备高度的责任感和敬业精神。
- 具备团队合作精神和沟通协调能力。
- 具备持续学习和自我提升的意识。

知识储备一 汽车短视频创推师的定位

汽车短视频创推师是汽车行业与新媒体领域相结合的专业人才，其主要任务是利用短视频这一媒介，将汽车产品的特点和优势有效地传达给目标受众，从而实现品牌传播和销售转化的目标。

一、什么是汽车短视频创推师

随着中国汽车进入汽车网联化时代，互联网与汽车深度融合，使得汽车产品及营销服务模式日趋网络化。为加快汽车行业创新发展，制定出符合行业需求、可持续发展的标准规范，中国交通教育研究会提出并联合全国多所知名院校和汽车企业经过两年多市场调研应用编写了《汽车网络营销技术服务职业能力评价规范》团体标准，并于2023年8月8日正式发布，涉及汽车产品测评师、汽车短视频创推师、汽车直播营销师和汽车新媒体运营师四个工种。此项团体标准将引领汽车行业向专业化、标准化、规范化健康发展。

汽车短视频创推师是指在网络平台上通过内容编创、短视频制作、粉丝运营、数据分析与应用等方式为客户提供服务的相关工作人员。他们通常具备丰富的汽车知识和短视频创作经验，能够结合汽车的特点和市场需求，创作出有趣、生动、富有吸引力的短视频内容。

二、汽车短视频创推师的定位

汽车短视频创推师是汽车行业中的一支重要力量，通过专业的知识和技能，为汽车品牌的传播和发展注入了新的活力。随着汽车市场的不断扩大和新媒体技术的不断发展，汽车短视频创推师的定位将更加重要和突出。

1. 行业桥梁与纽带

汽车短视频创推师是汽车行业与新媒体领域之间的桥梁和纽带。不仅需要深入了解汽车产品的性能、技术、设计等方面的专业知识，还需要掌握新媒体传播的特点和规律。通过创作高质量的汽车短视频，能够将汽车产品的特点和优势生动、直观地展现给潜在用户，促进用户与汽车品牌之间的互动和连接。

2. 品牌形象的塑造者

汽车短视频创推师在品牌形象的塑造中扮演着重要角色。通过精心策划和创作，将汽车品牌的核心价值、理念和文化融入短视频中，通过视觉、听觉等多种感官体验，让受众对汽车品牌产生深刻印象。同时还需要关注市场动态和消费者需求的变化，及时调整创作策略，确保品牌形象始终与市场需求保持高度契合。

3. 营销效果的推动者

汽车短视频创推师的工作不局限于短视频创作，还需要关注短视频的传播效果和销售转化。通过数据分析、用户反馈等方式，不断优化短视频内容和推广策略，提高短视频的点击率、分享率和转化率，为汽车品牌带来更多的曝光和潜在客户。同时还需要与其他营销团队紧密合作，共同推动汽车品牌的整体营销效果。

知识储备二　汽车短视频创推师的岗位职责及工作内容

在汽车行业中，短视频创推人员扮演着至关重要的角色，职责和工作内容主要聚焦于短视频的创意策划、制作与推广，从而为汽车品牌的传播和营销活动提供有力的支持。

一、汽车短视频创推师岗位职责

1. 品牌推广

短视频创推人员是品牌形象的塑造者。深入了解汽车品牌的核心价值和市场定位，通过创意策划和制作高质量的视频内容，将品牌的独特魅力和优势充分展示给目标受众。需要善于运用视觉元素和故事情节，打造引人入胜的品牌形象，提升品牌的知名度和美誉度。

2. 市场营销支持

短视频创推人员与销售部门紧密合作，为市场营销活动提供有力的视频素材支持。根据市场需求和消费者心理，制作符合品牌形象和市场趋势的短视频内容，帮助销售人员更好地向客户展示产品特点和优势。这些视频素材不仅可以在销售现场使用，还可以用于线上推广和社交媒体传播，扩大品牌的影响力。

3. 用户互动与关系维护

短视频创推人员注重与用户的互动和沟通。通过制作有趣、富有创意的视频内容，吸引用户的关注和参与，激发用户对品牌的兴趣和热情。同时，积极回应用户的评论和反馈，及时解决用户的问题和疑虑，建立起与用户的良好关系。这种互动和沟通不仅有助于增强用户对品牌的忠诚度和黏性，还能为品牌口碑的传播和长期发展打下坚实基础。

除了以上核心职责外，短视频创推人员还需要关注行业动态和市场趋势，不断更新创意理念和制作技术，以保持竞争优势和创造力。还需要与其他部门保持密切合作，共同推动品牌传播和营销活动的顺利进行。

汽车行业的短视频创推人员是汽车品牌传播和营销的重要力量。通过创意策划、制作与推广高质量的汽车短视频内容，为汽车品牌的传播和发展提供有力支持。在未来的汽车行业中，随着短视频营销的不断发展和创新，短视频创推人员的角色和职责也将更加重要和丰富。

二、汽车短视频创推师工作内容

1. 短视频策划与制作

作为汽车行业的短视频创推人员，首要任务就是根据市场需求和品牌定位，策划并制作高质量的汽车短视频。这需要深入了解汽车市场的最新动态，掌握消费者的喜好和需求，从而确定视频的主题和风格。在拍摄计划方面，短视频创推人员需要精心安排每一个拍摄环节，包括场景选择、拍摄角度、灯光效果等，确保画面质量和视觉效果达到最佳状态。同时还负责视频的剪辑和后期制作工作，通过剪辑、特效和音效等手法，将视频素材打造成一部引人入胜的短片。

2. 平台及账号运维

短视频制作完成后，短视频创推人员需要在各大短视频平台上发布和推广视频内容。需要通过优化标题、标签和描述等方式，提高短视频的曝光率和点击率。同时还需要积极与平台方合作，参与平台举办的各种活动，扩大品牌的影响力和知名度。此外，短视频创推人员还会利用社交媒体等渠道，进行短视频内容的传播和推广，吸引更多潜在客户的关注和参与。

3. 数据管理

在短视频推广过程中，数据分析是不可或缺的一环。短视频创推人员运用专业的数据分析工具，对短视频的传播效果和销售转化进行评估；通过关注短视频的播放量、点赞量、评论量等关键指标，分析用户的反馈和行为，从而找出短视频内容的优点和不足。根据数据反馈，短视频创推人员会及时调整短视频内容和推广策略，优化短视频的传播效果和销售转化率。

4. 团队协作

在汽车行业中，短视频创推人员需要与多个部门保持紧密合作，以确保短视频创推工作与其他营销活动相互支持、形成合力。与市场部、销售部、公关部等部门保持密切沟通，共享信息和资源，共同策划和执行各种营销活动。通过跨部门合作，短视频创推人员能够更好地理解品牌需求和市场趋势，从而创作出更符合品牌形象的短视频内容。同时要及时获取销售数据和用户反馈，为短视频内容的优化和推广提供有力支持。

5. 技术支持

汽车短视频推创师在工作内容中的技术支持是一项综合性、多元化的技能要求。不仅需要掌握视频拍摄与剪辑技术，还需要具备汽车技术支持、平台技术支持、场景搭建技术以及支持粉丝培育与维系等多方面的能力。这些技术支持将帮助他们创作出更加精彩、有吸引力的汽车短视频，为汽车品牌的推广和营销提供有力的支持。

总之，汽车行业的短视频创推人员需要具备丰富的汽车知识、视频创作技能和市场洞察力，通过精心策划和制作高质量的汽车短视频，为汽车营销提供有力支持。

知识储备三　汽车短视频创推师应具备的专业素养和技能要求

汽车短视频创推师作为汽车行业中不可或缺的一员，肩负着品牌形象传播和产品推广的重任。他们的工作不仅仅是技术性的视频制作，更涉及与品牌、市场、客户等多方面的沟通与协作。因此，汽车短视频创推师除了具备专业的知识和技能外，还应具备一系列的职业素养。

一、汽车短视频创推师的专业素养

一名优秀的汽车短视频创推师应具有一定的专业素养，这些素养将帮助他更好地履行职责，提升品牌形象，为汽车行业的发展贡献力量。

1. 遵纪守法、廉洁自律

汽车短视频创推师要严格遵守国家法律法规和行业规范，包括《互联网信息服务管理办法》《中华人民共和国网络安全法》《网络直播和短视频营销平台自律公约》等。在短视频制作和推广过程中，要确保内容的合法性、合规性，避免任何违法违规行为的发生。同时，保持清醒的头脑，不被金钱和利益所诱惑，拒绝任何形式的贿赂和回扣，坚守职业道德底线，维护行业的公平与正义，避免陷入法律纠纷和道德困境。

2. 客观公正、诚实守信

汽车短视频创推师在短视频制作中，要客观真实地展示汽车产品的特点和优势，不夸大其词，不隐瞒缺陷，不敷衍塞责，不推诿责任，信守承诺，按时交付高质量的短视频作品。同时，在与客户和其他部门的沟通中，保持公正公平的态度，真诚坦率，以赢得客户的信任和尊重。

3. 规范服务、客户至上

汽车短视频创推师应按照行业标准和客户要求，规范地进行短视频制作和推广工作。在短视频策划、拍摄、剪辑等各个环节中，要注重细节，追求完美，确保短视频作品的质量和效果，始终将客户的需求和满意度放在首位，充分考虑客户的意见和建议，及时调整和完善视频内容，以确保最终的成品符合客户的期望和要求。

4. 保守秘密、保证安全

汽车短视频创推师在短视频制作和推广过程中，可能会接触到一些敏感信息和商业机密。因此，应严格遵守保密协议，确保信息的安全性和保密性，不得擅自泄露或传播相关信息。同时，要严格遵守安全规定，确保人员和设备的安全。在视频内容的呈现上，也要注重安全提示和警示，避免给观众带来不必要的风险。

5. 沟通协作、追求卓越

汽车短视频创推师需要具备良好的沟通能力和协作精神。通过与团队成员、摄影师、客户等各方进行有效沟通，确保创作过程中的信息畅通和协作顺畅。同时，对自己的工作充满热情，积极追求卓越，不断提升自己的专业素养，对客户和观众负责，确保所创作的视频内容真实、准确、有价值。

二、汽车短视频创推师的技能要求

汽车短视频创推师的技能是核心竞争力，为他们在汽车短视频领域取得成功提供有力保障。

1. 运用审美能力

作为汽车短视频创推师，审美能力是不可或缺的核心素质。需要具备对美感的敏锐感知和鉴赏能力，能够从不同角度挖掘汽车的美感，通过构图、色彩、光影等手法，将汽车的魅力以视觉化的形式呈现给观众。

2. 展现创意与表达能力

汽车短视频创推师应具有丰富的创意和出色的表达能力。需要构思出新颖、有趣的主题创意，通过动画、质感、节奏、配乐等手段，将创意转化为生动的视觉语言。同时，他们还应具备镜头语言、构图、色彩等方面的专业技能，确保视频的视觉效果和观赏体验达到最佳。

3. 掌握视频制作技术

汽车短视频创推师需要熟练掌握视频包装、剪辑、合成、制作等技术。能够运用专业的视频编辑软件，对拍摄的素材进行剪辑、调色、合成等处理，使视频内容更加精彩、生动。同时还应具备视频特效制作的能力，为视频增添更多趣味性和观赏性。

4. 发挥创新意识与策划能力

在汽车短视频创作中，创新意识和策划能力至关重要。汽车短视频创推师需要不断探索新的创意和表现形式，以吸引观众的注意力。同时还应具备策划能力，能够根据品牌需求和市场趋势，制定合适的创作策略和推广计划。

技能训练 制定提高专业素养的整改措施

认识汽车短视频创
推师学生工作页

1. 准备工作（表 1-3）

表 1-3 制定提高专业素养的整改措施技能训练准备工作

场地准备	设备准备	工具准备	课堂布置
对应数量的桌椅	无	大白纸、笔	分组讨论

2. 分组讨论

根据知识储备，结合汽车行业发展趋势、企业需求和个人兴趣等，小组内成员讨论汽车短视频创推师应具备的专业素养，各自制定提高专业素养的整改措施，为未来的职业发展奠定坚实基础。

3. 展示评比

各小组推选一名同学进行展示，老师进行总结并点评。

4. 评价表（表1-4）

表1-4　制定提高专业素养的整改措施技能训练评价表

评价项目	针对性（20分）	可行性（20分）	创新性（20分）	可持续性（20分）	综合表现（20分）	总分（100分）
评价标准	能否对自己专业素养评估，针对当前专业素养的短板和行业需求，是否有针对性的措施；措施是否科学合理，能在实践中顺利实施；措施是否具有前瞻性和创新性；措施能否在发展过程中不断优化和改进				礼仪规范 语言组织	自评得分（　　）
第　　组						
点评记录	优点					
	缺点					

5. 自我总结

汽车短视频账号准备

学习任务一　汽车短视频平台选择

汽车短视频平台选择

🖱 情境描述

在繁华都市的一隅，王同学所在的汽车4S店新媒体运营部门刚成立不久，整个办公室还散发着新装修的气息，电脑屏幕闪烁着冷冽的光芒，空气中弥漫着一种蓄势待发的气氛。王同学作为这个部门的新鲜血液，担当着汽车视频创推师的责任，怀揣着满腔的热情和期待，他正在研究市面上流行的短视频平台，努力寻找能为汽车4S店开辟新的营销路径的平台。

📊 情境分析

选择合适的短视频平台推广汽车短视频，对于汽车4S店来说至关重要。4S店需要综合考虑平台的用户规模、活跃度、内容类型以及投放成本等因素，同时还要根据自身的品牌定位和营销策略，选择与之匹配的平台进行合作。通过在短视频平台上传视频，4S店可以实现精准的用户定位和内容展示，还能获得显著的营销效果和商业合作机会。

不同的短视频平台在内容展示形式、功能特点上有所不同。汽车短视频的主要目标受众通常是对汽车感兴趣或有购车意向的人群，例如，抖音、快手等平台拥有海量的用户基数和日活跃用户量，能够为汽车短视频提供充足的观众基础，而抖音等平台在年轻用户中具有较高的渗透率。因此，了解各平台的特点和优势是选择短视频平台的基础。

✅ 学习目标

知识目标

- 能描述抖音平台的特点和优势。
- 能描述快手平台的特点和优势。
- 能描述微信视频号、微博等平台的特点和优势。

技能目标

- 会选择适合汽车营销的短视频平台。
- 会根据平台特点，调整和优化短视频内容，提高在不同平台上的传播效果。
- 会根据汽车短视频的内容特点和目标受众，制定有效的平台服务宣传计划。

素养目标

- 具有敏锐的市场洞察力和分析能力。
- 具有整合资源的能力。
- 具有团队协作和沟通能力。
- 具有版权意识、责任意识和法律意识。

深入了解各短视频平台的特点与优势，有助于汽车企业更精准地定位目标用户群体，制定针对性的服务宣传计划。企业可以充分利用不同平台的资源，实现多渠道、全方位的宣传覆盖。这不仅能提升品牌曝光度和用户认知度，还能有效促进销售转化，为企业创造更大的商业价值。

知识储备一　抖音平台特点与优势

抖音是 2016 年 9 月上线的一款音乐创意短视频平台，上线不久就获得今日头条的投资，虽然获得今日头条的投资，但在品牌调性上和今日头条不同。

它是一个专注于年轻人的 15 秒音乐短视频平台，用户可以通过抖音平台选择歌曲，拍摄 15 秒的音乐短视频，创作自己的作品并发布，是集合了短视频拍摄、音乐创意和直播的短视频社交平台。抖音因其巨大的流量、年轻的用户以及不可估量的商机脱颖而出，成为各大品牌入驻短视频平台的重要选择。汽车企业可以利用抖音的短视频功能，展示汽车产品的特点、功能和使用场景，吸引潜在消费者的注意力。

抖音最初的宣传口号是"专注新生代的音乐短视频社区"，能够看出抖音的目标用户是以年轻人为主，产品形态是以音乐短视频为主，打造音乐社区。

一、抖音平台的特点

抖音平台已经成为市场上很火爆的短视频平台之一，很多人刷起抖音就会停不下来。那么，抖音平台有哪些特色呢？以下进行分析讲解。

1. 魔性

抖音的视频内容几乎有着共同的特点，它们可以很轻松地吸引用户的关注，通过传递一种神秘的情绪，吸引用户的目光，让用户沉浸其中。

2. 时尚潮流

抖音最初的用户定位十分年轻化，风格也十分独特，这意味着他们的用户主流正在从"80 后""90 后"向"00 后"转移。

3. 社交功能

在抖音的评论区经常出现一个怪现象，网友的评论有时候比视频本身还要吸引人，因此不要忽视评论区的各种评论，它们也是带来流量的重要途径。图 2-1 所示为抖音评论。

4. 直播

由于网络直播具有双向性，信息不仅可以从主播端传至用户端，也可以从用户端传至主播端，这就实现了用户和主播的即时沟通。

图 2-1　抖音评论

5. 热搜和热门话题

用户在首页点击顶部的搜索栏，就可以看到抖音热搜和热门话题。用户可以找到自己感兴趣的短视频观看或制作相关的短视频，增强了社交性和互动性，也让很多短视频和当下热点有相关性。

二、抖音平台的优势

1. 庞大的用户基数与活跃度

抖音平台以其庞大的用户基数和高度活跃的用户群体，成为汽车企业推广的首选。抖音拥有数亿级别的活跃用户，每日用户时长和访问频次均位居行业前列，而且与其他平台相比，抖音的用户群体更为年轻，充满活力和消费潜力。这为汽车企业提供了一个与年轻消费者互动、传递品牌价值的绝佳平台。

2. 精准的用户定位与兴趣标签

抖音平台具有强大的数据分析能力，能够根据用户的兴趣、行为和地理位置等信息，精准推送相关内容。汽车企业可以利用抖音的算法推荐，将短视频内容推送给潜在的目标用户，提高品牌曝光度和用户转化率。这使得汽车企业能够针对目标消费群体制定更加精准的营销策略，提高营销效果。

抖音平台还为用户提供了丰富的兴趣标签，使得汽车企业能够根据用户的兴趣偏好，推送更加符合用户需求的内容。这种精准推送的方式，有助于提升用户对汽车品牌的关注度和好感度，进一步促进销售转化。

3. 去中心化的推荐机制与关注度

抖音平台有着去中心化的推荐机制，在平台发布优质的短视频，平台就会自动分配精准流量给抖音账号，为账号带来大量流量，甚至可以在短时间内吸引百万级别的点赞量。这让每一个有能力产出优质内容的人，有了公平竞争的机会。

4. 丰富的互动体验与社交属性

抖音平台以其强大的互动性和社交属性著称。用户可以在抖音上点赞、评论、分享视频内容，与创作者和其他用户进行互动。这种互动体验使得汽车企业能够与用户建立更紧密的联系，了解用户需求和反馈。同时，抖音还提供了丰富的社交功能，如关注、私信等，便于企业与用户建立长期的互动关系。

5. 高效的营销转化与资源整合

抖音平台有着突出的营销工具和资源整合机会能力，帮助汽车企业实现高效的营销转化和效果评估。企业可以通过抖音的广告投放系统，实现精准的广告投放和品牌推广。同时，抖音还提供了丰富的合作资源，如网红、意见领袖等，便于企业与他们合作，共同推广汽车产品。此外，抖音还支持与其他平台的互联互通，便于企业整合多平台的资源，实现营销效果的最大化。

6. 详细的数据分析与效果评估

抖音平台提供了强大、完善、精准的数据分析工具，能够帮助汽车企业深入了解用户行为、兴趣偏好以及营销效果。通过对数据的分析，企业可以不断优化营销策略，提高营销效果。

7. 良好的品牌形象与口碑效应

抖音平台作为国内领先的短视频平台，一直以来都注重品牌形象和口碑建设。抖音平台上的内容质量高、审核严格，为用户提供了良好的使用体验。

这使得抖音平台在用户心中形成了良好的品牌形象和口碑效应，为汽车企业在平台上进行营销推广提供了有力保障。

8. 企业蓝 V 的特权

企业品牌开通抖音号，选择蓝 V 账号后，拥有的官方蓝 V 标识、企业品牌头像、认证名称都可以提高品牌的权威性。并且抖音与今日头条、火山小视频多平台打通，平台间身份与权益同步，认证企业号享受三大平台的认证标识和专属权益。

抖音平台具有庞大的用户基数与活跃度、丰富的内容形式与创意空间、精准的用户定位与兴趣标签、丰富的互动体验与社交属性、高效的营销转化与资源整合、详细的数据分析与效果评估以及良好的品牌形象与口碑效应等多方面的优势。这些优势使得抖音平台成为汽车企业进行营销推广的首选之一。当然，不同平台各有特色，汽车企业可根据自身需求和目标受众特点，选择适合的平台进行组合营销，以实现最佳的营销效果。

知识储备二　快手平台特点与优势

快手作为一家领先的短视频社交平台，由北京快手科技有限公司开发并运营。其前身名为"GIF 快手"，自 2011 年 3 月诞生之初，主要为用户提供制作和分享 GIF 图片的功能。然而，随着移动互联网的迅猛发展以及用户需求的不断变化，快手于 2012 年 11 月成功转型为短视频社区，为用户提供了一个记录、分享生活与生产的平台。快手平台以其独特的算法和精准的内容推荐机制，吸引了大量用户。用户可以通过快手拍摄、编辑和分享短视频，展示自己的生活点滴、技能才艺以及观点见解。同时，快手也为用户提供了与其他用户互动的机会，通过点赞、评论和关注等方式，建立起广泛的社交网络。

一、快手平台的特点

快手平台具有以下特点：

1）快手满足了大部分普通人，而非"网红"的需求。

2）快手坚持不对某一特定人群进行运营，也不对短视频内容进行栏目分类或对创作者进行分类。

3）快手强调人人平等，是一个面向所有普通人的产品。

可以看到，快手是一个用户用短视频的形式记录和分享生活的平台。

二、快手平台的优势

快手平台以其巨大的用户基础、精准的内容推荐、多样化的营销手段以及优秀的创作者生态，为汽车企业提供了一个理想的营销和互动平台。通过入驻快手平台，汽车企业可以更好地推广品牌、吸引潜在消费者，并提升市场竞争力。

1. 广泛的用户基础与社区氛围

快手平台拥有庞大的用户基数，且用户分布广泛，覆盖了城市与乡村的各个角落。这种广泛的用户覆盖使得汽车企业在快手平台上能够触达更多不同背景和需求的潜在消费者，尤其是那些在其他平台上难以覆盖的下沉市场用户，为汽车企业提供了更广阔的市场空间。

快手平台以其真实、接地气的社区氛围著称，用户之间的互动性强，黏性高。这种社区氛围为汽车企业提供了与用户建立深厚联系的机会，通过发布贴近用户生活的短视频内容，能够增强用户对品牌的认同感和归属感。

2. 多样化的内容创作与传播特点

快手平台支持多种内容形式的创作，包括短视频、直播、图文等。汽车企业可以根据自身需求选择合适的内容形式，通过短视频展示汽车特点，通过直播与用户互动，通过图文分享汽车知识等，实现多渠道的内容传播。

快手平台上的内容往往更加真实、接地气，这与快手用户群体的特点密切相关。汽车企业在快手平台上可以更加注重内容的真实性和亲和力，通过展示汽车在实际使用场景中的表现，让用户更加直观地了解产品特点，提升购买意愿。

3. 精准的营销策略与效果评估

快手平台拥有先进的算法技术，能够根据用户的兴趣和行为习惯进行精准定位和个性化推荐。汽车企业可以利用这一特点，制定针对性的营销策略，将短视频内容推送给潜在的目标用户，提高营销效果。

快手平台提供了丰富的营销效果评估工具，汽车企业可以实时查看短视频的播放量、点赞量、评论量等数据，了解用户的反馈和互动情况。通过数据分析，企业可以优化营销策略，提升营销效果。

4. 更具竞争力的成本效益与营销投入回报

相较于一些其他平台，快手平台在广告费用和营销成本方面可能更具竞争力。汽车企业可以根据自身预算制定合适的营销策略，通过合理的投入获得较高的回报。此外，快手平台还提供了丰富的营销工具和数据分析功能，帮助企业优化营销策略，提升营销效果。

5. 显著的品牌塑造与口碑传播

快手平台上的用户互动性强，用户之间的口碑传播效应显著。汽车企业可以通过在快手平台上发布优质内容、与用户互动等方式，塑造积极的品牌形象，提升品牌知名度和美誉度。相较于其他平台，快手在品牌塑造和口碑传播方面具有独特优势，有助于汽车企业实现品牌价值的提升。

6. 灵活的合作模式与创新能力

快手平台一直致力于与企业和创作者建立紧密的合作关系，通过开放平台、提供技术支持等方式，鼓励创新内容的产生和传播。汽车企业可以与快手平台展开深度合作，共同探索创新的营销模式和内容形式，实现互利共赢。这种灵活的合作模式和创新能力使得快手在与其他平台的竞争中脱颖而出。

7. 完善的售后服务与用户反馈机制

快手平台不仅提供了丰富的营销功能，还注重用户体验和售后服务。汽车企业可以通过快手平台收集用户反馈和意见，及时了解用户需求和市场变化，优化产品和服务。同时，快手平台还提供了一系列售后服务和纠纷处理机制，保障用户的权益和利益，为企业营造了良好的营销环境。

快手平台在汽车企业选择营销平台时展现出了多方面的优势，其广泛的用户覆盖、真实的社区氛围、多样化的内容形式、精准的算法推荐、成本效益、品牌塑造能力、灵活的合作模式以及完善的售后服务等特点，使得快手成为汽车企业进行短视频营销的理想选择。通过充分利用快手平台的优势，汽车企业可以提升品牌影响力，吸引更多潜在消费者，实现更好的营销效果。

知识储备三　其他平台特点与优势

除了抖音和快手，目前主流的微视频平台还有微信视频号、微博等。这些平台各具特色，拥有庞大的用户群体和活跃度，为内容创作者和企业提供了广泛的传播渠道。

一、微信视频号的特点与优势

微信视频号是腾讯公司于 2020 年 1 月 22 日正式开启内测的内容记录与创作平台。这个平台在微信的发现页内，位于朋友圈入口的下方，为用户提供了一个全新的了解他人、了解世界的窗口。微信视频号的内容形态以短视频为主，也可以发布图片，用户可以发布长度不超过 1 分钟的视频或不超过 9 张的图片，并可以附上文字和公众号文章链接。视频号的互动功能丰富，支持点赞、评论，也可以转发到朋友圈或聊天场景，与好友分享。此外，每个人都可以创建自己的视频号，企业或机构也可以使用非私人微信号进行开通，以便更好地进行品牌传播和互动。

随着视频内容的兴起和用户对视频内容的偏好增加，汽车企业入驻微信视频号也是顺应市场趋势和用户需求的表现。通过视频号，企业可以更加灵活地运用视频这一形式来传递品牌价值和理念，与年轻、活跃的用户群体建立更加紧密的联系。

1. 深度融入微信生态，实现闭环营销

微信视频号作为微信生态的重要组成部分，与微信的其他功能如公众号、小程序、朋友圈等形成了无缝对接。汽车企业可以轻松地在视频号发布短视频，同时引导用户通过公众号获取更多资讯，通过小程序进行预约试驾或购

买，最后再将购买体验分享至朋友圈，形成完整的营销闭环。这种一体化的营销方式，极大地提高了用户转化率和品牌传播效果。

2. 用户黏性高，社交互动性强

微信视频号拥有微信庞大的用户基础，用户黏性高，活跃度强。汽车企业可以通过视频号与用户进行实时互动，回答用户问题，收集用户反馈，增强用户参与感。此外，视频号还支持点赞、评论、分享等社交功能，有助于汽车企业扩大品牌影响力，提升用户忠诚度。

3. 精准定位目标用户，提高营销效果

微信视频号可以利用微信的用户画像和数据分析功能，精准定位目标用户群体。汽车企业可以根据用户的年龄、性别、地域、兴趣等特征，制定个性化的营销策略，提高营销效果和转化率。

4. 内容形式更加多样化，满足企业不同需求

微信视频号除了短视频外，还支持图片、文章等多种形式的内容发布，可以满足汽车企业不同的营销需求。

5. 营销成本相对较低，效果更持久

微信视频号可以通过内容营销、社交互动等方式，以较低的成本实现品牌传播和用户转化，且效果更加持久。

二、微博的特点与优势

微博是一个基于用户关系的社交媒体平台，用户可以通过它发布文字、图片、视频等内容，并与其他用户进行互动。利用微博平台上的视频功能进行产品或服务推广，通过发布有趣、有创意的视频内容，企业可以吸引潜在客户的注意力，增加品牌曝光度，提高产品销量。微博视频营销具有传播速度快、互动性强、形式多样等优点，是企业进行网络营销的重要手段之一。

1. 用户基础庞大且精准

微博作为社交媒体平台，拥有数以亿计的用户，其中不乏对汽车感兴趣

的目标受众。微博平台提供了丰富的用户数据和分析工具，使得汽车企业能够更精准地定位目标用户，实现精准营销。

2. 内容传播广泛

微博的信息传播速度极快，一条热门微博在短时间内就能获得大量转发和评论。汽车企业通过发布有趣、有吸引力的视频内容，可以迅速扩大品牌曝光度，提升产品知名度。

3. 社交互动性强

微博是一个典型的社交媒体平台，用户之间的互动非常频繁。汽车企业可以通过与用户互动，收集用户反馈，了解市场需求，进而优化产品和服务。同时，用户之间的口碑传播也有助于汽车企业树立良好的品牌形象。

4. 多元化营销手段

微博平台支持多种形式的营销手段，如话题营销、活动营销、KOL 合作等。汽车企业可以根据自身需求和预算，选择合适的营销手段，实现多元化的营销效果。

5. 信息深度更高

与其他平台相比，微博用户对内容的深度和信息量要求更高。汽车企业可以通过微博发布更加详细、深入的产品介绍和解读，提升用户对产品的认知度和信任度。

6. 话题讨论度更高

微博作为社交媒体平台，用户之间的讨论和互动非常活跃。汽车企业可以通过发布话题或参与话题讨论，引导用户进行互动和讨论，提升品牌话题度和用户参与度。

汽车企业入驻微博视频是基于微博平台庞大的用户基数、强大的社交属性和多样的营销手段考虑，通过高质量的视频内容展示汽车产品，与用户互动并了解市场需求，提升品牌影响力和市场竞争力。

技能训练 汽车短视频平台比较

汽车短视频平
台选择学生工
作页

1.准备工作（表2-1）

表2-1 汽车短视频平台比较技能训练准备工作

场地准备	设备准备	工具准备	课堂布置
对应数量的桌椅	无	手机、大白纸、笔	分组讨论

2.分组讨论

根据知识储备，结合汽车短视频，比较抖音、快手、微视频、微博等平台在用户基础、内容特色、互动性和商业合作等方面的差异。

3.展示评比

各小组推选一名同学进行展示，老师进行总结并点评。

4.评价表（表2-2）

表2-2 汽车短视频平台比较技能训练评价表

评价项目	用户基础分析（20分）	内容特色分析（20分）	互动性分析（20分）	商业合作分析（20分）	综合表现（20分）	总分（100分）
评价标准	1.用户基础分析：各平台用户基数及用户群体的特点等方面的比较 2.内容特色分析：各平台在内容形式、特色等方面的差异 3.互动性分析：各平台与用户互动方面的分析 4.商业合作分析：分析各平台商业合作模式、推广方式和营销手段等				礼仪规范 语言组织	自评得分（　　）
第 组						
点评记录	优点					
	缺点					

5.自我总结

学习任务二　汽车短视频账号人设的定位

汽车短视频账
号人设的定位

✦ 情境描述

　　阳光透过窗户洒在王同学的工作台上，他手中拿着一个精致的汽车模型，眼神中闪烁着对汽车的热爱与专注，心中充满了对汽车短视频的憧憬与期待，脑海中勾勒出一幅幅精彩的汽车短视频画面。他的目标是创建一个独具魅力、专业而又能吸引观众眼球的汽车短视频账号。在策划之初，他深知人设的重要性，于是开始深入思考并构建属于他的汽车短视频人设。

✦ 情境分析

　　在当前的互联网环境中，短视频已经成为人们获取信息和娱乐的重要渠道。特别是在汽车领域，短视频凭借其直观、生动的特点，能够迅速吸引用户的注意力。因此，构建一个清晰、独特的汽车短视频人设变得尤为重要。一个鲜明的人设能够帮助用户在众多汽车短视频中快速识别并记住你的账号，这种辨识度不仅有助于提升品牌知名度，还能培养用户的忠诚度和黏性，有助于企业在竞争激烈的市场中脱颖而出。同时，根据人设的特点和观众的喜好选择合适的题材、风格和呈现方式，使短视频内容更加连贯、有深度，有助于更好地规划内容方向。在创作汽车短视频时，掌握构建人设的原则和方法是非常有必要的。

✦ 学习目标

知识目标

- 能描述短视频人设定位的概念。
- 能描述短视频人设定位的原则和方法。

技能目标

- 会通过数据分析、用户调研等方式，获取准确的用户画像。

- 会根据目标受众的喜好和需求定位人设。
- 会洞察市场趋势和借助热点话题，以此定位人设。

素养目标
- 具有对美的感知能力。
- 具有创新意识。
- 具有良好的职业道德素养，尊重他人的知识产权和隐私权。

人设是人物设定的简称，就是对人物形象的设定。人设一词最开始是出现在动漫和影视中的专业术语，主要是指给特定的对象设定其人物性格、外在形象和造型特征等。

现在人设这个词开始不断地出现在公众视线中，它也成为人际交往中经常被提及的一个概念，人设的作用和功能也开始显现。在日常生活中，人设的传播效果能够在一定程度上影响现实中的人际交往关系。那些和实际情况相符的人设，让人更具有辨识度和认知度。

人设的力量是无穷的，人设的影响力也是无形的。企业在设立短视频账号时树立好自己的人设，在后续的吸粉、引流中起着重要作用。

知识储备　汽车短视频账号人设定位的原则与方法

成功的人设对于汽车短视频营销账号来说至关重要，它具有增强品牌识别度、建立信任关系、提升用户黏性、促进内容传播、精准定位目标受众、塑造品牌形象、引发情感共鸣以及激发购买欲望等多方面的好处。

一、汽车短视频账号人设定位的原则

在短视频平台账号中定位人设时，为了确保账号内容的连贯性、吸引力和可信度，人设定位要遵循以下几项原则。

1. 真实性原则

真实性是建立信任的基础。在汽车短视频领域，观众需要依赖专业、可靠的信息来做出购买决策。一个真实的账号人设能够让观众相信你的内容是有价值的，从而增加他们与你的互动和参与度。真实性原则要求账号所展示的内容、人物设定和汽车信息必须真实可靠。观众更倾向于关注那些真实反映汽车性能、驾驶体验和行业动态的内容。一个真实的账号人设能够建立观众的信任感，使他们更愿意接受并分享你的内容。

真实的账号人设能够吸引那些对汽车感兴趣、关注行业动态和寻求专业建议的观众。这些观众是你的目标受众，他们更有可能成为你的忠实粉丝和潜在客户。

2. 一致性原则

一致性有助于强化品牌形象，让观众对你的账号产生深刻的印象。通过保持一致的内容、风格和形象，你可以塑造出一个独特的品牌形象，使你的账号在竞争激烈的市场中脱颖而出。一致性原则要求账号在内容、风格和形象上保持统一。一个具有一致性的账号人设可以让观众更容易记住你的品牌特征，并在众多汽车短视频中快速识别出你的内容。

在短视频平台上，内容更新迅速，观众很容易在众多内容中迷失。一个具有一致性的账号人设可以提高你的辨识度，让观众更容易找到你的内容并持续关注。

3. 独特性原则

在短视频平台上，观众的注意力是有限的，而一个独特的账号人设可以吸引他们的注意力，让他们愿意花费更多时间观看你的内容。通过展示独特的个性、观点和创新的内容形式，你可以吸引更多的观众关注你的账号。独特性原则要求账号人设具有独特的个性和特点，以便在众多的汽车短视频中脱颖而出。一个独特的账号人设可以吸引更多的观众关注你的内容，并使他们产生浓厚的兴趣。

独特性有助于塑造独特的品牌形象，让你的品牌在众多竞争对手中脱颖而出，形成独特的竞争优势。这种独特性可以使你的品牌在观众心中留下深刻的印象，并增加他们对你的信任和忠诚度。

4. 目标受众导向原则

通过深入了解目标受众的喜好、需求和购买习惯，创作出更符合他们期望的内容，可以提高他们的参与度和满意度。目标受众导向原则要求账号人设的定位要充分考虑目标受众的需求和兴趣。一个以目标受众为导向的账号人设可以确保你的内容符合他们的期望和喜好，从而提高他们的参与度和满意度。

以目标受众为导向的账号人设可以提高转化率。当你的内容符合观众的需求和兴趣时，他们更有可能对你的产品或服务产生兴趣，并产生购买意愿。这种转化率的提升可以帮助你实现更好的商业效果。

5. 可识别性原则

一个具有可识别性的账号人设可以提高你的曝光率。如果观众能够在众多内容中快速找到你的内容，那么他们会更愿意关注你的账号并分享你的内容。这种曝光率的提升可以帮助你吸引更多的潜在观众和粉丝。可识别性原则要求账号人设具有易于识别和记忆的特点。一个具有可识别性的账号人设可以让观众在众多内容中快速找到你的内容，并记住你的品牌形象。

一个具有可识别性的账号人设可以加深观众对你的记忆。通过独特的形象、标志和口号等元素的设计，你可以让观众在短时间内记住你的品牌形象和特点。这种记忆的加深可以增强他们对你的信任和忠诚度，并促使他们成为你的忠实粉丝和潜在客户。

6. 可传播性原则

在短视频平台上，内容传播的速度和广度是衡量账号影响力的关键因素。一个具有可传播性的人设能够确保内容在观众之间迅速传播，从而快速扩大账号的影响力。这种影响力的提升对于吸引更多的潜在观众、合作伙伴和商业机会至关重要。在汽车短视频平台中，可传播性原则对于账号人设定位的重要性不言而喻。一个具有可传播性的人设能够迅速在社交媒体中扩散，吸引更多的潜在观众，增强账号的知名度和影响力。

可传播性强的内容往往能够激发观众的分享欲望，增加粉丝之间的互动。当观众对你的内容产生共鸣，他们更有可能通过点赞、评论和分享等方式表达自己的看法和感受，这不仅能够增强观众与账号之间的情感联系，还能够为账号带来更多的曝光机会。同时，在追求可传播性的过程中，账号需要不断创作出高质量、有趣味性和创新性的内容。这种对内容质量的追求不仅能够提高观众的观看体验，还能够提升账号在平台上的竞争力。通过不断优化内容质量和传播策略，账号可以逐步建立起自己在汽车短视频领域的独特地位。

7. 可发展性原则

汽车行业是一个快速变化的市场，新技术、新产品和新趋势层出不穷。一个具有可发展性的人设能够确保账号紧跟市场步伐，及时调整内容策略和方向，以满足观众的最新需求。这种灵活性和适应性是账号在激烈竞争中保持领先地位的关键。在汽车短视频平台中，可发展性原则要求账号人设定位要具有持续性和可扩展性。一个具有可发展性的人设能够随着时间和市场变化不断调整和优化，以适应新的观众需求和行业趋势。

随着时间的推移，观众的喜好和需求也在不断变化。一个具有可发展性的人设能够持续吸引观众的关注和兴趣，通过不断创新和优化内容形式、风格和主题等方式，为观众带来新鲜感和惊喜。这种持续吸引力能够确保账号在观众心中保持重要地位，并吸引更多的潜在观众关注。同时，具有可发展性的人设更容易吸引商业合作伙伴的青睐。当账号在内容创作、传播和影响力等方面展现出强大的潜力和价值时，更多的商业合作伙伴会愿意与账号建立合作关系，共同探索更多的商业机会和发展空间。这种商业合作能够为账号带来更多的资源和支持，进一步推动账号的发展壮大。

8. 避免过度商业化原则

过度商业化的人设往往会破坏观众的观看体验，让他们感到不适和反感。当账号过于频繁地发布商业广告或推广内容时，观众可能会感到被打扰和骚扰，从而降低对账号的好感度和信任度。因此，避免过度商业化是维护观众体验、保持账号吸引力的关键。在汽车短视频平台中，避免过度商业化原则要求账号在追求商业利益的同时，要关注观众体验和感受，避免过于频繁或强制性的商业推广行为。

一个过度商业化的账号可能会在短期内获得一定的商业利益，但长期来看可能会面临观众流失、品牌形象受损等风险。而一个避免过度商业化、注重观众体验和感受的账号则能够赢得观众的信任和喜爱，实现长期稳定的发展。这种长期发展不仅能够为账号带来更多的商业机会和合作空间，还能够为观众提供更优质的内容和服务。

9. 尊重文化差异原则

在全球化背景下，汽车短视频平台上的观众来自世界各地，具有不同的文化背景和价值观。尊重文化差异能够促进不同文化之间的交流和融合，增进彼此之间的了解和信任。一个尊重文化差异的账号更容易获得来自不同文化背景的观众的喜爱和支持，从而扩大其影响力和受众范围。在汽车短视频平台中，尊重文化差异原则要求账号在内容创作和传播过程中要充分考虑不同文化背景的观众需求和感受，避免文化冲突和误解。

在内容创作和传播过程中，如果不充分考虑文化差异，很容易引发文化冲突和误解。这种冲突和误解不仅会影响观众的观看体验，还可能对账号的品牌形象产生负面影响。因此，尊重文化差异是避免文化冲突和误解的关键，有助于确保内容的准确性和适用性，提高观众的满意度和忠诚度。

二、汽车短视频账号人设定位的方法

在汽车短视频领域，人设定位不仅是账号的"门面"，更是连接观众与内容的桥梁。一个成功的人设定位能够迅速吸引目标观众的注意力，提升账号的知名度和影响力。同时，人设定位也是账号内容创作的指导原则，确保内容的一致性和连贯性。

1. 明确目标受众

在进行人设定位之前，首先需要明确目标受众。通过市场调研、数据分析和用户画像等手段，了解目标受众的年龄、性别、地域、兴趣、需求等信息。这些信息将为人设定位提供重要的参考依据，例如汽车爱好者、购车新手、专业人士等。

2. 挖掘自身特点

每个汽车短视频账号都有其独特的特点和优势。在明确目标受众的基础上，需要深入挖掘自身的特点和优势，如专业知识、兴趣爱好、性格特点和表达方式等。这些特点和优势将成为人设定位的核心元素，帮助账号在竞争激烈的市场中脱颖而出。

3. 确定人设类型

根据目标受众和自身特点，确定适合的人设类型。

1）专家型人设：以专业知识为核心，通过分享汽车知识、解读行业动态等方式，树立权威形象；适合对汽车有深入了解的创作者。

2）幽默型人设：以幽默风趣的语言和表达方式，吸引观众的注意力；适合具有幽默感和创意的创作者。

3）实用型人设：以解决实际问题为出发点，分享汽车使用技巧、维修保养经验等实用信息；适合注重实用性和操作性的观众。

4）情感型人设：以情感共鸣为纽带，分享与汽车相关的情感故事和人生感悟；适合注重情感交流和体验的观众。

4. 塑造鲜明形象

在确定人设类型后，需要通过具体的手段来塑造鲜明的形象。

1）确定昵称和形象：选择一个易于记忆、与账号主题相关的昵称，并设计一个与昵称相匹配的形象标识。形象标识可以是卡通形象、真实照片或符号等。

2）制定内容风格：根据人设类型，制定符合其特点的内容风格。例如，专家型人设可以采用严谨、专业的语言风格；幽默型人设则可以采用轻松、幽默的表达方式。

3）展示个人特色：在内容中适当展示个人特色，如独特的观点、有趣的经历等。这些特色元素将使账号更具个性和魅力。

4）互动与反馈：积极与观众互动，回应他们的评论和反馈。通过互动，可以加深与观众的联系，提升他们的参与感和忠诚度。

5. 持续优化与调整

人设定位并非一蹴而就的过程，需要持续优化与调整。

1）关注数据反馈：定期分析账号的数据反馈，如观看量、点赞量、评论量等。这些数据将为人设定位的优化提供重要参考。

2）倾听观众声音：积极倾听观众的声音，了解他们的需求和期望。根据观众的反馈，及时调整人设定位和内容策略。

3）尝试新的元素：不断尝试新的元素和风格，以丰富人设定位的层次和内涵。这有助于吸引更多类型的观众，提升账号的影响力。

4）保持一致性：在优化与调整的过程中，需要保持人设定位的一致性。不要频繁改变人设类型或内容风格，以免对观众造成困惑和不满。

汽车短视频账号人设的定位
学生工作页

技能训练　汽车短视频账号人设打造

1. 准备工作（表2-3）

表2-3　汽车短视频账号人设打造技能训练准备工作

场地准备	设备准备	工具准备	课堂布置
对应数量的桌椅	无	大白纸、笔	分组讨论

2. 分组讨论

1）围绕"人生第一辆车"主题展开讨论。

2）明确账号定位：确定汽车短视频账号的主要受众群体（汽车爱好者、购车者、专业人士或普通消费者）。

3）打造人设特点：为汽车短视频账号创建一个独特且易于记忆的人设，包括形象标签、风格标签和口头禅标签等。

4）小组成员在讨论中积极发言，结合账号人设特点提出自己的观点和建议。

3. 展示评比

各小组推选一名同学进行展示，老师进行总结并点评。

4. 评价表（表 2-4）

表 2-4 汽车短视频账号人设打造技能训练评价表

评价项目	准备工作（20分）	账号定位（20分）	人设特点（20分）	团队合作（20分）	综合表现（20分）	总分（100分）
评价标准	1. 充分准备素材，明确账号定位 2. 人设特点独特，创意新颖 3. 小组内成员配合默契，能共同完成展示				礼仪规范 语言组织	自评得分（　　）
第　组						
点评记录	优点					
	缺点					

5. 自我总结

汽车短视频账
号装修

学习任务三　汽车短视频账号装修

情境描述

　　王同学精心打造好汽车短视频账号的人设后，开始进入账号装修的阶段，面对着空白的账号主页，他眼中闪烁着期待和创意的光芒。他深知，账号的装修不仅是为了美观，更是为了更好地展示自己的人设，吸引更多的观众。随着装修工作的深入进行，他不断地调整和优化账号的各个元素，通过不断尝试和改进，最终呈现出一个既美观又实用的汽车短视频账号主页。在装修完的那一刻，他满意地笑了，他知道，这个精心打造的汽车短视频账号将会是他展示才华、传递热爱的舞台，也是他连接观众、分享汽车文化的桥梁。

情境分析

　　在数字化时代，短视频平台已成为信息传播和分享的重要方式。假设你计划开设自己的汽车短视频账号，旨在分享汽车知识、驾驶体验、汽车性能、外观、品牌和价格等内容，与广大网友互动交流。于是，在短视频平台的众多功能和设置中，如何合理地配置账号，既能凸显个人特色，又能吸引观众关注，成为你面临的关键问题。

　　在这个情景下，重要的是要掌握汽车短视频账号设置的专业知识，如头像设置、昵称设置、个性签名设置和背景图设置等，深入了解各个功能和设置项的作用，以便根据自己的目标和受众，进行有效的账号配置。同时，还需具备实际操作技能，独立完成账号设置，并能够根据数据分析调整优化设置。此外，创新思维和审美能力也至关重要，以打造独特的汽车短视频账号。

学习目标

知识目标

● 能描述汽车短视频账号头像设置原则与技巧。

- 能描述汽车短视频账号昵称设置原则与技巧。
- 能描述汽车短视频账号个性签名设置的技巧。
- 能描述汽车短视频账号背景图设置原则与技巧。

技能目标

- 会独立完成短视频账号的头像设置、昵称设置、个性签名设置和背景图设置等。
- 会利用数据分析工具监控账号表现，并根据数据进行优化调整各个元素。

素养目标

- 具有创新思维和审美能力。
- 具有信息筛选和整合能力。
- 具有沟通能力和团队协作精神。

知识储备一 头像设置技巧

在当今数字化时代，短视频平台已经成为人们获取信息、娱乐休闲的重要渠道。特别是对于汽车爱好者来说，短视频平台不仅是一个展示个性与品味的窗口，更是交流心得、分享经验的重要场所。因此，如何在这个竞争激烈的平台上脱颖而出，吸引更多关注，就显得尤为重要。账号头像作为用户第一时间接触到的视觉元素，其设置技巧不容忽视。本文将深入探讨汽车短视频账号头像的设置技巧，帮助你在众多汽车短视频创作者中独树一帜。

一、头像设置的重要性

头像是用户在短视频平台上的第一印象，它不仅能够反映账号的主题和风格，还能在一定程度上体现创作者的个性和态度。一个好的头像能够迅速抓住观众的注意力，提高账号的辨识度和关注度。对于汽车短视频账号来说，头像更是展示汽车文化、品味和专业度的重要窗口。

二、头像设置的原则

1）清晰度高：头像作为账号的"门面"，必须保证图像清晰，避免模糊、失真等影响观感的因素。

2）主题明确：头像应与汽车主题紧密相关，能够直观反映账号的内容和定位。

3）色彩搭配：合理的色彩搭配能够提升头像的视觉效果，吸引更多关注。

4）个性化设计：在保证主题明确的前提下，可以通过个性化设计来突出账号的特色和风格。

三、头像设置技巧

1. 选用高质量图片

首先，要选择一张高质量的汽车图片作为头像的基础。这张图片可以是你心仪的车型、经典的汽车场景，或者是与汽车相关的元素。要确保图片清晰度高、色彩饱满，能够给人留下深刻印象。

2. 突出主题元素

在头像中突出汽车元素，如车轮、方向盘、车标等，让人一眼就能看出这是一个与汽车相关的账号。同时，可以根据账号定位和内容特点，选择具有代表性的汽车或汽车元素进行设计。

3. 色彩选择与搭配

色彩在视觉传达中起着举足轻重的作用。在选择头像图片时，要注重色彩的搭配和运用。一般来说，暖色调（如红色、橙色、黄色）能给人带来温暖、活力的感觉，适合展示运动、激情的汽车内容；冷色调（如蓝色、绿色、紫色）则给人沉稳、专业的印象，适合展示技术、知识性的汽车内容。当然，具体色彩选择还需根据账号风格和定位来决定。

4. 简洁明了的设计

头像设计不宜过于复杂，应追求简洁明了的效果，避免使用过多的文字和图案，以免让观众感到混乱。可以通过裁剪、缩放、调整亮度及对比度等手法来突出主题元素，提升头像的辨识度。

5. 个性化元素的融入

在保证头像简洁明了的前提下，可以适当融入个性化元素，如创作者的标志、口号或者特别的图案等。这些元素能够增加头像的独特性，提升账号的品牌形象。

6. 与其他视觉元素协调统一

头像作为账号视觉识别系统的一部分，应与其他视觉元素（如封面图、视频风格等）保持协调统一。这样有助于形成统一的品牌形象，提升账号的整体观感。

四、头像设置的误区与注意事项

1）避免侵权：在设置头像时，要确保使用的图片不侵犯他人的著作权或肖像权。尽量选择自己拍摄的图片或者使用免费可商用的图片资源。

2）避免过于花哨：虽然个性化元素能够增加头像的独特性，但过于花哨的设计可能会让观众感到眼花缭乱，反而降低辨识度。因此，在设计时要把握好个性化和简洁明了之间的平衡。

3）定期更新：随着账号内容的发展和定位的调整，头像也需要适时进行更新。保持头像与账号内容的同步发展，有助于提升账号的专业度和吸引力。

4）响应平台规范：不同的短视频平台可能对头像设置有不同的规范和要求，创作者在设置头像时要确保符合平台的相关规定，避免因违规而导致的不必要麻烦。

知识储备二　昵称设置技巧

在数字化信息时代，短视频平台已经成为各大品牌、企业和个人展示自我、分享知识、推广产品的重要渠道。对于汽车领域的内容创作者来说，一个吸引人的短视频账号昵称不仅能提升账号的辨识度，还能在一定程度上增加视频的点击率和关注度。因此，如何设置一个既符合汽车主题又独具特色的昵称，就显得尤为重要。

一、昵称的重要性

昵称是观众对你的第一印象，它是品牌或个人形象的一个重要标识。一个好的昵称能够让观众记住你，甚至能够在众多的短视频中一眼就认出你的作品。对于汽车短视频账号来说，昵称更是承载着专业度、品牌形象和观众期望的重要符号。

二、昵称设置原则

1）简洁精炼：昵称不宜过长，应简洁易记，避免使用过于复杂的词汇和句子结构。

2）汽车相关：由于你的账号专注于汽车内容，昵称中最好包含与汽车相关的元素，如车型、品牌、汽车部件等，这样可以让观众一眼就明白你的账号主题。

3）独特个性：避免与已有的知名账号昵称过于相似，以免观众混淆。同时，独特的昵称也更容易被记住。

4）正面积极：昵称应传达出积极、正面的信息，避免使用负面或具有争议性的词汇。

5）易于搜索：考虑到搜索引擎优化（SEO），昵称中应包含容易被搜索到的关键词，这样有助于提高你的账号在网络上的可见度。

三、昵称设置技巧

1）结合个人特色：如果你是一个专注于某一特定汽车品牌或车型的博主，可以将该品牌或车型融入你的昵称中，如"宝马小达人""奔驰车迷"等。

2）使用关键词组合：通过巧妙地组合与汽车相关的关键词来创造独特的昵称，如"车轮上的风景""极速车影"等。

3）添加个性化元素：为了增加昵称的辨识度和记忆点，你可以在昵称中加入一些个性化的元素，如你的名字、生日、爱好等，但要确保这些信息与汽车主题相结合，如"小李车视界""××月××日车库"等。

4）利用谐音或寓意：使用有趣的谐音或寓意来命名，既能吸引观众注意，又能增加昵称的趣味性，如"车轮滚滚来"（寓意汽车内容的连续更新和丰富性）。

5）考虑国际化因素：如果你的目标是吸引国际观众，那么昵称应避免使用过于地域性或文化特定的词汇，以便让更多人能够理解和接受。

6）测试与反馈：在正式确定昵称之前，可以向你的朋友或粉丝征求意见，看看他们对不同昵称的反应和喜好，从而做出更明智的选择。

四、案例分析

案例 1：极速车影

这个昵称简洁明了，既体现了汽车的速度感，又具有一种动感和神秘感，很容易吸引观众的注意。其账号主页如图 2-2 所示。

图 2-2　极速车影账号

案例2：广汽传祺哈尔滨长青博实店

这个昵称简洁明了地表达了账号的内容，这种直接的命名方式有助于增强品牌记忆度，提升品牌认知度。"哈尔滨"这一地名的加入，明确了账号的地域定位，即这是位于哈尔滨的广汽传祺店铺。其账号主页如图2-3所示。

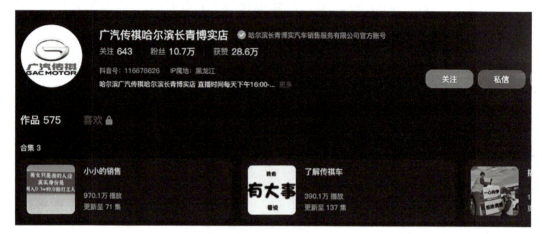

图2-3　广汽传祺哈尔滨长青博实店账号

案例3：马尧讲车

将个人名字或特色与车评人相结合，既能体现专业性，又能增加个人品牌的辨识度。其账号主页如图2-4所示。

图2-4　马尧讲车账号

知识储备三 个性签名设置技巧

在运营汽车短视频账号时，个性签名的设置是一个常被忽视但至关重要的环节。一个好的个性签名不仅能够凸显账号主的个性和态度，还能吸引更多粉丝关注，甚至影响到账号的整体形象和商业价值。

一、个性签名设置技巧

1. 明确身份与定位

个性签名应该明确反映出账号主的身份和定位。对于汽车短视频账号来说，这通常意味着要在签名中体现出与汽车相关的元素。例如，你可以使用"新能源汽车领导者"（图 2-5 所示为比亚迪汽车账号个性签名）、"新红旗 让梦想成真"（图 2-6 所示为一汽红旗账号个性签名）等签名，来明确你的身份是一个热爱汽车、专注于汽车内容分享的人。

图 2-5 比亚迪汽车账号个性签名

图 2-6 一汽红旗账号个性签名

2. 展示独特观点与态度

个性签名还是展示账号主独特观点和态度的绝佳平台。你可以通过签名来表达你对汽车的热爱、对驾驶的追求，或者对汽车文化的独特见解。例如，"科技向心，共赴传奇"（图 2-7 所示为广汽传祺账号个性签名）、"和 iCAR 交

个朋友吧！"（图 2-8 所示为 iCAR 汽车账号个性签名）等签名，都能很好地
体现出对汽车的独特情感和态度。

图 2-7　广汽传祺账号个性签名

图 2-8　iCAR 汽车账号个性签名

3. 吸引粉丝关注

个性签名也是吸引粉丝关注的重要手段。一个有趣、有吸引力的签名，
往往能让粉丝对账号主产生更强烈的兴趣和好奇心，从而增加粉丝的黏性和活
跃度。例如，"创造移动的家，创造幸福的家"（图 2-9 所示为理想汽车账号个
性签名）、"未来出行探索者"（图 2-10 所示为小鹏汽车账号个性签名）等签
名，都能激发粉丝对账号内容的期待和关注。

图 2-9　理想汽车账号个性签名

图 2-10　小鹏汽车账号个性签名

4. 符合平台规范与法律法规

在设置个性签名时，还需要注意符合平台的规范和国家的法律法规。避免使用过于夸张、虚假或违法的言论，以免引起不必要的麻烦。同时，也要注意保护个人隐私，避免在签名中泄露过多个人信息。

5. 定期更新与优化

随着账号内容的发展和定位的调整，个性签名也需要适时进行更新和优化。这不仅能保持账号的新鲜感和活力，还能更好地反映账号当前的风格和定位。例如，当账号内容从单一的汽车评测拓展到汽车文化、驾驶技巧等多方面时，个性签名也可以相应地调整为"全方位解读汽车生活"。

6. 借鉴与学习

在设置个性签名时，不妨多借鉴和学习其他成功账号的经验。观察他们的签名是如何凸显身份、展示观点和吸引粉丝的，然后结合自己的实际情况进行创新和优化。但切记不要直接抄袭他人的签名，以免侵犯他人的知识产权和损害自己的形象。

二、实例分析

以下是一些成功的汽车短视频账号个性签名实例及分析。

"驾驭未来，探索无限"——此签名简洁明了地传达了账号主对汽车的热爱和对未来驾驶技术的期待，同时激发了粉丝的好奇心和探索欲。

"车轮上的诗与远方"——此签名巧妙地运用了文学修辞，将驾驶与诗意、远方联系在一起，为账号增添了一分文艺气息和浪漫情怀。

"专业评测，真实体验"——此签名强调了账号主的专业性和真实性，让粉丝对账号内容产生信任感和期待感。

通过这些实例分析，我们可以看到成功的汽车短视频账号个性签名通常具备简洁明了、有吸引力、符合账号定位等特点。同时，它们还能够准确传达账号主的个性和态度，吸引目标受众的关注。

一个好的汽车短视频账号个性签名应该明确身份与定位、展示独特观点与态度、吸引粉丝关注、符合平台规范与法律法规、定期更新与优化以及善于借鉴与学习。通过精心设置和优化个性签名，我们可以更好地凸显账号特色和品牌形象，吸引更多粉丝的关注和喜爱。

知识储备四　背景图设置技巧

在运营汽车短视频账号时，背景图作为账号视觉形象的重要组成部分，对于塑造品牌形象、吸引用户关注以及提升用户黏性都起着至关重要的作用。下面我们将详细介绍如何设置汽车短视频账号的背景图，从而打造一个专业、吸引人的账号形象。

一、背景图的重要性

背景图是短视频账号的"门面"，是用户点击进入账号后首先注意到的元素之一。一张精美、专业的背景图不仅能够提升账号的整体美感，还能够向用户传达账号的定位和品牌形象。因此，选择一张合适的背景图对于汽车短视频账号来说至关重要。

二、背景图设置原则

1）符合账号定位：背景图应与账号的定位和主题相符，能够反映出汽车短视频账号的特色和风格。例如，如果账号专注于豪华汽车，背景图可以选择一张高质感的豪华汽车图片或者相关场景。

2）视觉冲击力：背景图应具有视觉冲击力，能够在众多账号中脱颖而出。可以选择色彩鲜明、构图独特的图片作为背景，以吸引用户的注意力。

3）清晰度与美观度：背景图应保持高清晰度，避免模糊和失真。同时，要注重美观度，选择色彩搭配和谐、设计感强的图片。

4）品牌一致性：如果账号有明确的品牌形象或Logo（标志），背景图可以与品牌形象或Logo保持一致，以增强品牌识别度。

三、背景图设置技巧

1）选用高质量汽车图片：为了体现账号的专业性和吸引力，可以选用高质量的汽车图片作为背景。这些图片可以展示汽车的细节、特色或者相关场景，让用户一眼就能感受到账号的主题。

2）创意构图：除了直接使用汽车图片外，还可以尝试一些创意构图。例如，将汽车与美景相结合，或者通过独特的视角展示汽车的魅力，这样的背景图更具吸引力，能够引发用户的好奇心和探索欲（图 2-11 所示为汽车之家账号背景图）。

3）色彩搭配与主题呼应：在选择背景图时，要注重色彩搭配与账号主题的呼应。如果账号以某一特定颜色或风格为主，背景图可以选用相似的色彩或元素，以保持整体视觉效果的协调性（图 2-12 所示为懂车帝原创账号背景图）。

4）动态背景与静态背景的权衡：虽然动态背景能够吸引用户的注意力，但过于花哨的动画效果可能会分散用户的注意力，影响他们对账号内容的关注。因此，在选择动态背景时要权衡好吸引力和用户体验之间的关系。

5）定期更新与优化：随着账号内容的不断更新和发展，背景图也需要随之调整和优化。定期更换新的背景图可以保持账号的新鲜感和活力，同时也有助于吸引用户的持续关注。

图 2-11　汽车之家账号背景图

图 2-12　懂车帝原创账号背景图

四、背景图应用分析

1）豪华汽车账号背景图：对于专注于豪华汽车的账号来说，可以选择一张高质感的豪华汽车全景图片作为背景。这样的背景图能够彰显账号的高端定位和专业性。

2）汽车改装账号背景图：如果账号专注于汽车改装领域，可以选择一张改装后的炫酷汽车图片或者改装过程的图片作为背景。这样的背景图能够体现账号的特色和主题，吸引改装爱好者的关注。

3）汽车旅行账号背景图：对于以汽车旅行为主题的账号来说，可以选用一张美丽的公路或自然风光图片与汽车相结合作为背景。这样的背景图既能够体现账号的主题，又能够引发用户对旅行的向往和期待。

汽车短视频账号
装修学生工作页

技能训练　装修汽车短视频账号

1. 准备工作（表2-5）

表2-5　装修汽车短视频账号技能训练准备工作

场地准备	设备准备	工具准备	课堂布置
对应数量的桌椅	手机、平板电脑	相机、纸、笔	分组练习

2. 分组讨论

1）讨论汽车短视频账号头像的设置方案。

2）讨论汽车短视频账号昵称的设置方案。

3）讨论汽车短视频账号个性签名的设置方案。

4）讨论汽车短视频账号背景图的设置方案。

3. 展示评比

各小组推选一名同学进行展示，老师和其他小组成员进行总结并点评。

4. 评价表（表2-6）

表2-6　装修汽车短视频账号技能训练评价表

评价项目	头像设置（20分）	昵称设置（20分）	个性签名设置（20分）	背景图设置（20分）	综合表现（20分）	总分（100分）
评价标准	1. 头像需与汽车主题相关，清晰度高，能够体现账号特色，有创意 　2. 昵称简洁明了，与汽车或账号定位相关，易于记忆 　3. 个性签名需简洁有力，能够准确传达账号定位或理念 　4. 背景图需与账号定位相符，美观大方，能够突出账号特色				礼仪规范 语言组织	自评得分 （　　　）
第　　组						
点评记录	优点					
	缺点					

5. 自我总结

项目三 汽车短视频内容策划

汽车短视频产品与选题

学习任务一　汽车短视频产品与选题

情境描述

　　王同学在精心装修完自己的汽车短视频账号后，满怀信心地坐在电脑前开始策划短视频的内容。他深知，要吸引和留住观众，除了有一个引人注目的账号外观，更重要的是要有高质量、有深度的视频内容。因此，他决定先深入了解汽车产品的卖点，并从中提炼出合适的选题。他打开了一份最新的汽车行业报告，仔细研读了不同品牌和型号的汽车数据。他关注着汽车的外观设计、性能参数、智能化配置以及用户评价等多个方面，试图从中发现每个车型的独特卖点。

情境分析

　　随着移动互联网的快速发展，用户对汽车产品的认知也正经历着翻天覆地的重构，推动着汽车营销的模式发生重要转变。短视频所代表的短视频内容已成为当下最火爆的互联网内容形式，短视频平台逐渐成为汽车品牌营销获客的前沿阵地。作为"职场小白"的王同学，要想做好汽车营销的获客工作，就需要深入了解汽车产品特点，分析目标客户选车关注点，进而从中提炼出最具吸引力的卖点，然后围绕汽车产品卖点并且考虑大众的兴趣和参与度进行选题。为吸引更多粉丝关注汽车产品，还需要密切关注汽车行业的热门话题和趋势，以扩大账号粉丝数，增加品牌曝光量。只有这样，才能创作出受粉丝欢迎的短视频，有效地提高短视频的传播效果和销售转化率。

✓ 学习目标

知识目标

- 能描述汽车产品卖点。
- 能描述汽车产品卖点提炼方法。
- 能描述汽车短视频的选题策略与原则。
- 能描述汽车热门话题的分类。

技能目标

- 会提炼汽车产品的卖点。
- 会为制作汽车短视频进行选题。
- 会捕捉热门话题与趋势进行选题。

素养目标

- 具有创新型思维，以及勤于思考、善于发现、勇于创新的精神。
- 具有负责的工作态度、一丝不苟的工匠精神和求真务实的科学精神。
- 具有良好的网络舆论生态和职业道德修养。
- 具有版权意识、责任意识和法律意识。

深入了解汽车产品特点，并从中提炼出最具吸引力的卖点，对于创作高质量的汽车短视频至关重要。这不仅可以精准定位受众、突出核心优势、制定创意策略，还可以提高传播效果和提升内容质量。

知识储备一　汽车产品卖点提炼

汽车作为现代社会不可或缺的交通工具，不仅为人们提供了便捷的交通方式，还是一个人的身份和品味的体现，具有速度快、性能高，外延广、门类多等特点。在视频创作的过程中，要充分考虑汽车客户群需求的多样性，找到汽车产品特征和客户需求的契合点，进行卖点提炼，才能吸引客户关注，成为产品的私域流量。

一、汽车卖点提炼

所谓汽车产品卖点是指产品能够吸引不同目标消费者群体购买汽车的特点和优势。根据汽车产品的受众群体，去梳理产品核心卖点，形成差异化表达，是制作汽车短视频的前提。只有这样才能避免同质化，才能积极地招徕消费者的垂青。通常，我们把汽车产品卖点分为以下八大类型。

1. 物理性卖点

物理性卖点，即强调汽车产品的物理属性或功能性的卖点，是产品本身固有的，可以通过人的视觉、听觉和触觉等感觉器官来感知的卖点。它主要围绕汽车的造型、空间容量、动力、安全性能、操纵性、速度、配置等方面展开。例如，车身线条采用了流线型设计，有一种独特的气质，更加符合当下人们的审美观。

2. 经济性卖点

经济性卖点指汽车在购买、使用、维护以及长期使用过程中能够为用户节省成本或带来经济利益的卖点。它主要关注汽车的价格、使用效率、能耗、维护成本等因素，强调汽车在经济上的优势和价值。例如，品牌口碑好、产品质量稳定可使车辆在未来二手车市场上卖出更高的价格。

3. 概念性卖点

概念性卖点是指通过创新的理念、设计或技术，赋予产品独特而引人注目的特征或优势，从而在市场上形成独特竞争力的卖点。它往往与未来趋势、科技创新、环保理念等相结合，以吸引消费者的目光。例如，通过智能手机、互联网、导航等技术与汽车相结合，实现车载娱乐、信息交互、远程控制等功能，提升用户的驾驶体验和便利性。

4. 文化类卖点

文化类卖点常常与品牌的历史、设计理念、工艺传承以及社区建设紧密相连。例如，构建品牌社区，组织车友会、驾驶培训、文化交流等活动，增强车主的归属感和品牌忠诚度。

5.生活类卖点

生活类卖点强调汽车如何融入和改善人们的日常生活，使驾驶不仅仅是一种交通方式，更是一种享受和便利。例如，强调车辆的空间和舒适性，适合全家出行，提供宽敞舒适的乘坐体验。

6.品牌类卖点

品牌类卖点主要围绕汽车品牌的独特价值、品牌精神和长期形成的品牌形象来构建，帮助消费者建立对品牌的认知和情感联系。例如，突出品牌在全球范围内的知名度和影响力，如国际市场份额、全球用户数量等。

7.价值类卖点

价值类卖点主要围绕汽车产品所提供的实际价值和性价比，强调消费者在购买该品牌车辆时所获得的实际利益。例如，强调品牌提供的全面保障和贴心服务，如延长质保、道路救援、免费保养等。

8.公益性卖点

公益性卖点主要强调汽车品牌的社会责任感和公益行为，将购车行为与社会公益事业相结合，以此提升品牌的形象和吸引力。例如，强调品牌对当地社区的关心和支持，如资助社区项目、提供志愿者服务等。

二、汽车产品卖点提炼方法

这是一个资讯爆炸的时代，各种消息、产品、品牌层出不穷，学会快速提炼产品卖点，是品牌推广的基础技能。

1.外观提炼法

想要抓住与用户接触的"第一秒"，就一定要在外观上做文章。相较于功能、使用体验等，外观永远是用户最先感知到的。所以，在提炼卖点时，也要首先突出外观上的产品卖点，如时尚的设计、独特的配色、小巧的体型等。

2. 痛点提炼法

为什么消费者会选择购买一款产品？一定是因为这款产品帮他解决了某些问题。那么这些问题，就是消费者的痛点！站在消费者的角度，思考消费者需要什么、产品能满足什么，然后将这些可以被满足的方面提炼成卖点，在后续的推广中，帮助产品俘获消费者"芳心"。

3. 竞品提炼法

在提炼产品卖点时，也可以参考竞品。针对竞品提炼产品卖点，可以从两个角度入手：首先是自身产品相较于竞品有所提升的方面，比如更低的能耗、更高的品质、更贴心的服务等；其次是自身能够填补竞品的功能空白，如果你发现了竞品在实际使用过程中的一些无法避免的缺陷，只要自身的产品能够规避掉这些缺陷，就可以提炼成卖点。

4. 情景提炼法

想要让消费者产生"我好想拥有这样的产品"这类想法，就需要将其带入某个情境中。因此，我们在提炼产品卖点时，就可以设置某个使用的场景，然后将这个场景中的使用感受，作为产品的卖点进行宣传，往往会具有更强的感染力。

知识储备二　选题原则与策略

短视频创作很难绕开的问题是如何选题以及选题的方向、内容和素材。前期做好选题的框架和内容规划，这样不仅可以保障有源源不断的视频输出，提升用户粉丝的黏性，而且更容易出精品内容和爆款视频，吸引到更多精准的粉丝用户。

一、汽车短视频选题原则

1. 保障品质内容

无论选题如何，品质始终是短视频的生命线。在选题时，应注重内容的真实性和可靠性，避免虚假宣传和误导用户。同时，还要注重内容的制作质量，包括画面、音效、剪辑等方面，确保给用户带来良好的观看体验。

2. 引发大众共鸣

和纯娱乐的短视频账号不同，汽车类短视频账号更需要知识内容的输出。不管用什么样的内容形式进行呈现，最主要的是短视频选题一定要贴近生活，做对粉丝真正有价值、有用的内容，来引发大众的共鸣。

3. 遵循法律法规

在制作汽车短视频时，必须严格遵守相关法律法规，如广告法、道路交通安全法等。选题和内容应合法合规，不得涉及违法违规的内容和行为。同时，还要注重保护用户的隐私和权益，不得泄露用户的个人信息和侵犯用户的合法权益。

二、汽车短视频选题策略

1. 用户兴趣导向

汽车短视频的内容首先要符合广大用户的需求和兴趣。选题应围绕用户的喜好和关注点，比如热门车型、个性化改装、汽车文化等。通过深入了解目标用户群体，挖掘他们的兴趣和需求，制作出更符合用户口味的短视频内容。

2. 汽车知识普及

汽车作为一个复杂的产品，涉及的知识面广泛。短视频可以通过简单易懂的方式，向用户普及汽车基础知识，比如汽车结构、工作原理、维护保养等。这样不仅能提高用户的汽车素养，也能增加视频的趣味性和教育性。

3. 车型评测对比

用户购车时往往需要进行不同车型之间的比较。因此，短视频可以针对热门车型进行评测对比，包括性能、外观、内饰、价格等方面。通过客观的数据和实际的驾驶体验，帮助用户更好地了解和选择适合自己的车型。

4. 购车用车指南

购车用车过程中会遇到各种问题，比如购车流程、保养方法、驾驶技巧等。短视频可以提供实用的购车用车指南，帮助用户解决这些问题，提升用户的购车用车体验。

5. 行业动态关注

汽车行业时刻在变化，包括新技术的应用、政策法规的变动等。短视频应关注行业动态，及时向用户传达最新信息，帮助用户了解行业趋势和变化。

6. 创新内容尝试

在选题时，可以尝试一些创新的内容形式，比如汽车主题的搞笑视频、汽车与生活的情感故事等。这些新颖的内容形式可以吸引用户的注意力，增加用户的观看兴趣和黏性。

知识储备三　热门话题与趋势捕捉

热门话题是指上了社交媒体平台"热搜"的话题，也是进行汽车短视频创作的重要手段之一。上了"热搜"的话题会被平台优先推广，让所有用户都能看到。许多营销号、自媒体为了"蹭热度"也会纷纷跟风参与讨论热门话题，这样一来该话题在"热搜"上的人气和排名就会更高。由此可见，利用热门话题引发网民热议是一个非常有效的推广手段。

一、关于热门话题与趋势捕捉的分类

汽车短视频热门话题涵盖了汽车新技术解读、热门车型评测、汽车改装文化潮流、智能驾驶体验、交通事故案例分析、汽车行业政策解读和环保出行趋势等多个方面。

1. 汽车新技术解读

新能源汽车、自动驾驶、车联网等新技术层出不穷，为汽车市场注入了新的活力。在短视频平台上，关于汽车新技术的解读视频受到了广泛关注。这些视频内容主要包括新技术的工作原理、应用场景、性能表现等，通过生动直观的形式帮助观众更好地理解和接受这些前沿技术。

2. 热门车型评测

消费者在购买汽车时，往往会关注热门车型的性能和表现。因此，热门车型评测类短视频在平台上也备受欢迎。这类视频通常会对热门车型的外观、内饰、动力、操控等方面进行详细的介绍和对比，为消费者提供购车参考。同时，评测视频还会邀请专业车评人进行试驾体验，分享他们的真实感受和评价。

3. 汽车改装文化潮流

汽车改装作为汽车文化的一部分，也逐渐成为短视频平台上的热门话题。汽车改装文化潮流类视频主要展示各种改装案例、改装技巧以及改装文化背后的故事。这些视频不仅吸引了众多改装爱好者的关注，也让更多人了解和感受到汽车改装的魅力。

4. 智能驾驶体验

智能驾驶作为未来汽车发展的重要方向，其体验类短视频也备受瞩目。这类视频通过展示智能驾驶的实际应用场景，如自动泊车、自适应巡航、交通拥堵辅助等，让观众直观地感受到智能驾驶带来的便利和安全。同时，视频还会对智能驾驶的发展前景和挑战进行探讨和分析。

5. 交通事故案例分析

交通安全是汽车领域永恒的话题。交通事故案例分析类短视频通过展示真实的交通事故案例，分析事故原因和教训，提醒观众注意交通安全。这类视频不仅具有教育意义，还能引发观众对交通规则和道路安全的思考。

6. 汽车行业政策解读

汽车行业政策的变动往往会对市场产生深远影响。因此，汽车行业政策解读类短视频也是平台上的热门话题之一。这类视频主要关注汽车行业的最新政策动态，包括购车政策、排放标准、新能源汽车补贴等，帮助观众了解政策背后的意义和影响，为他们的购车和用车决策提供参考。

7. 热点事件

互联网是一个公共的获客平台，每天都有可能发生各类热点事件，那么根据社会的热点事件，同样可以发掘和账号相关的选题。譬如春运期间堵车、极端天气发生的可能与汽车行业相关的话题等。

8. 汽车技术发展趋势

这些话题不仅反映了汽车行业的最新动态和发展趋势，也满足了观众对汽车知识和信息的需求。未来随着科技的进步和汽车行业的发展，相信会有更多新鲜有趣的话题出现在我们的视野中。

9. 环保出行趋势

随着环保意识的日益增强，环保出行已经成为一种社会趋势。在短视频平台上，关于环保出行方式的探讨和展示也备受关注。这类视频主要关注新能源汽车、绿色出行方式等环保出行相关的内容，旨在提高观众的环保意识，推动环保出行方式的普及。

二、热门话题与趋势捕捉的技巧

一般来说，热门话题拥有一大批关注者，传播的范围也非常广，借助这些热点，短视频曝光率会明显提高。在创作借势热门话题类短视频时，应注意时刻保持对时事热点的关注，把握借势的最佳时机，并将热点事件作为标题内容。

在创作借势热门话题类短视频时，要注意两个问题：一是带有负面影响的热点不要蹭，选题方向一定是积极向上、充满正能量的，必须给到受众正确的思想引导；二是最好在借势话题中加入自己的想法和创意，然后将发布的短视频与之结合，做到借势和创意的完美同步。

汽车短视频产品与选题学生工作页

技能训练 确定汽车短视频选题

1. 准备工作（表3-1）

表3-1 确定汽车短视频选题技能训练准备工作

场地准备	设备准备	工具准备	课堂布置
对应数量的桌椅	无	大白纸、笔	分组练习

2. 分组讨论

1）为创作整车方向的短视频确定选题。

2）为创作汽车零配件方向的短视频确定选题。

3）为创作汽车售后服务方向的短视频确定选题。

4）为创作二手车方向的短视频确定选题。

3. 展示评比

各小组推选一名同学进行展示，老师进行总结并点评。

4. 评价表（表 3-2）

表 3-2 确定汽车短视频选题技能训练评价表

评价项目	整车选题（20分）	汽车零配件选题（20分）	汽车售后服务选题（20分）	二手车选题（20分）	综合表现（20分）	总分（100分）
评价标准	符合该汽车产品短视频选题方向				礼仪规范语言组织	自评得分（ ）
第 组						
点评记录	优点					
	缺点					

5. 自我总结

汽车短视频内
容策划

学习任务二 汽车短视频内容策划

情境描述

王同学在成功确定汽车短视频的选题方向后，坐在宽敞明亮的办公室里，开始了紧张而兴奋的内容策划工作。他的面前摊开着一本厚厚的笔记本，上面密密麻麻地记录着各种想法和灵感。他回忆起在选题阶段所做的分析，那些关于目标受众的兴趣点、疑惑点以及潜在需求的数据像一幅幅清晰的画面浮现在他的脑海中。他打开笔记本，开始勾画出他的创意构思，思考着内容展现形式和节奏。当这些初步的构思在他脑海中逐渐成形时，他感到一阵兴奋和激动，他知道自己即将开始一段充满挑战和机遇的创作之旅。他拿起手机，拨通了团队成员的电话，开始与他们分享自己的创意和想法，并讨论如何将这些想法转化为实际的视频内容。

情境分析

一个具有吸引力、趣味性和信息性的短视频，可以吸引更多潜在观众并提升视频的传播效果。在创作汽车短视频时，首先要进行内容创意构思。创意构思是创作任何类型视频的基础，汽车短视频也不例外，因为创意能够给视频带来独特的视角和表达方式，一个吸引人的创意能够迅速抓住观众的注意力，使他们愿意继续观看并深入了解视频内容。其次，选择合适的内容形式，使创作者能够更有效地传达信息，并帮助观众更好地理解和记住视频内容。最后，通过合理安排剧情、镜头和剪辑点，创作者能够创造出一种令人兴奋的观看体验，让观众仿佛置身于驾驶之中，这种沉浸式的体验能够增强观众对汽车的兴趣和购买欲望。

学习目标

知识目标
- 能描述汽车短视频内容创意构思的要点。

- 能描述汽车短视频内容形式的种类。
- 能描述汽车短视频内容节奏把握要点。

技能目标

- 会根据选题和汽车行业的热点进行汽车短视频内容的创意构思。
- 能为汽车短视频选择满足观众的需求和兴趣的形式。
- 会把握让观众产生共鸣和兴趣的汽车短视频节奏。

素养目标

- 具有辨别善恶美丑的能力。
- 具有开放性思维及创意精神。
- 具有整合资源的能力。

在短视频平台上，内容创意是吸引观众注意并建立粉丝基础的关键。创意与短视频内容的质量和独特性紧密相关，通过不断创新和尝试新的创意思路，短视频创作者可以使其作品在竞争激烈的短视频领域中脱颖而出。一条富有创意的汽车短视频不仅能迅速吸引目标受众的眼球，还能有效传达品牌价值和产品特性。

知识储备一　汽车短视频内容创意构思

汽车短视频内容创意构思是成功创作一个引人注目的短视频的关键。汽车短视频内容创意是指在制作汽车短视频时的创作思路和创作方式。它包括了汽车短视频的主题、情节、表现形式、视觉效果、音乐选择等方面的创意元素。汽车短视频内容创意旨在吸引和留住观众的注意力，通过独特、有趣、引人入胜的方式传达出信息、故事或情感，从而增加汽车短视频的吸引力和分享度。汽车短视频内容创意的目的是通过巧妙的创造性思路和独到的表达方式，使汽车短视频在众多视频中脱颖而出，吸引观众的点击、点赞和分享。

一、汽车短视频内容创意构思要点

1. 目标受众分析

在开始构思汽车短视频之前，需要明确目标受众是谁。了解目标受众的年龄、性别、兴趣爱好等特征，有助于制定有针对性的内容策略。例如，针对年轻消费者的汽车短视频，可以更加注重时尚、个性和科技感，通过酷炫的画面和动感的音乐吸引他们的关注；而针对家庭用户的汽车短视频则可以更加关注车辆的空间、舒适度和安全性等方面，传递出家庭出行的温馨和安心。

2. 突出故事性

无论是真实故事还是虚构剧情，一个好的汽车短视频应该有一个引人入胜的故事。故事需要有起承转合、高潮迭起，让观众产生情感共鸣。通过讲述故事，你可以打动观众，引起他们的兴趣和关注。例如，在介绍新车发布时，可以通过一段唯美的画面和动人的故事展现车辆的美观和实用性；在评测汽车时，可以通过一系列精彩的测试环节展现车辆的性能和品质；在传授驾驶技巧时，可以通过幽默风趣的方式让受众在轻松愉快的氛围中掌握技巧；在宣传安全行车时，则可以通过真实的案例和感人的故事提醒驾驶者珍惜生命，安全驾驶。

3. 利用情绪共鸣

情绪是一个强有力的工具，可以激发观众的共鸣。通过恰当运用音乐、画面、色彩等元素，你可以在短视频中传递出各种情感，如喜悦、悲伤、惊喜、感动等。根据想要传达的情感，精心挑选素材，并合理运用剪辑和特效来营造氛围。例如，给"95 后"的媳妇选什么车，这就属于共情共鸣型，年龄的共鸣、给媳妇选车的共情，吸引了有相同需求相同特质的粉丝来观看视频。

4. 直击痛点

直击痛点就是直接提出社会的热点话题，如果视频给出答案，吸引用户观看及互动共情共鸣，就生活中让大家经常经历遇到的生活场景引发感慨，产生思考和联想的内容。例如，20 万元的预算，喜欢潮流的年轻人该选什么车，这就属于直击痛点，预算有限还喜欢潮流，痛点明确，该如何选车。

5. 引人入胜的开头

汽车短视频开头必须引人入胜，要抓住观众的注意力。可以使用精彩的画面、有趣的对话或悬念来吸引观众的兴趣，让他们更愿意继续观看下去。开头直接、简洁、有趣，对于一个成功的汽车短视频来说非常关键。

6. 简洁明了

汽车短视频的特点是短暂而有趣。因此，需要用简洁明了的方式传达想要表达的内容。避免冗长而无用的画面和对白，将重要信息通过简洁而有力的方式传递给观众。

7. 出人意料

人们总是对新鲜和意外感兴趣。可以通过在创意构思中加入出人意料的元素来吸引观众的注意力。这可以是一个意想不到的转折、一个突如其来的笑点或令人惊讶的结局。出人意料的创意将给汽车短视频增添一分独特和吸引力。

8. 视频技巧

在构思创意汽车短视频时，除了剧情和内容，还需要熟悉一些基本的视频技巧，以提高汽车短视频的质量。这包括合理运用摄像、剪辑、音效、配乐和特效等技术手段，使视频更加专业和吸引人。

9. 良好的结构

一个有良好结构的汽车短视频可以帮助观众更好地理解和接受想要表达的内容。通过适当安排不同的场景和段落，使视频的逻辑和节奏更加流畅。另外，不要忘记在结尾处加入一个令人印象深刻的结束语，给观众留下深刻的印象。

二、创意构思汽车短视频的步骤

通常创意构思汽车短视频简单地分为开头、中部、结尾这三个部分。这三部分功能不同，各司其职，同时又相互连接，互相补充。当完成这三部分的构思之后，短视频就自然而然地产生了。

1. 开头

通常把开头称为"黄金五秒"。也就是说，优秀的短视频需要在这五秒之内让用户知道你在表达什么，或者你能够提供什么商品和服务。通常会有以下几种表达方式。

（1）吸睛 + 答案揭晓

通过制造悬疑，来引起受众的兴趣，然后揭晓并且引出产品，比如"是什么车让妈妈不停地说好"。

（2）开箱

将产品做一次直接的开箱展示，比如说"哇，终于入手了这款车，好后悔买晚了"，或者说"家里还没有买车的，快来试试"，紧接着就是产品展示的部分。

（3）性价比的方式

直接用一些大额的优惠券、赠品，或者买车送服务的方式来引入，比如"降价啦，原来这款车 ×× 元，现在立减 ×× 元，仅此一次"。这些都是比较常见的开头方式，大家也可以尝试其他开头的引流方式，抓住用户的好奇心理，用通俗易懂的语言直击用户的注意力，达到黄金五秒的效果。

2. 中部

这是最核心的价值展示的部分，需要做到精准挖掘用户的痛点，抓住用户的心理，并且结合产品的优势，这样广告效果就能事半功倍。通常也有下面三种表现手法。

（1）卖点展示

视频要体现核心卖点以及 2～3 个支撑卖点即可，找到之后就要在中间部分通过使用感受或者产品功能来表达出来。例如，某款车的核心卖点是空间大，载一家老小去旅游都可以，它的支撑卖点是动力强、车身质量好等。通过情景剧或者口播来表达这些卖点，可以用一些比喻举例的手法。例如，空间大可能无法直观感受，改成可以帮你旅游承载多少东西，就有了一种不同的感受。

（2）痛点解决

直接去触达受众群体并且说出他们最焦虑、最关心的痛点。例如，"想带女朋友浪漫一把吗？有了这款车，不惧风吹日晒，有独立的私密空间，可以到达更远的地方，现在有了它，可以随时随地来一场说走就走的旅程"，这就是一种常见的表达方式。

（3）使用场景的展示

这种表现手法通常有多人多场景、单人多场景的方式。例如，介绍某款车，可以介绍它的底盘、发动机、空间、智能等，同时加上试驾效果对比的画面。

3. 结尾

需要做到的就是画龙点睛，引导用户去转化，这里提供了四种展现的方法，分别是：价格优惠、限时限量、点名受众、软性引导。前面两种不用多说，比较直观，大家直接说买多少送多少、优惠多少、限时抢购等都可以；以下主要介绍后面两种方式。

（1）点名受众

这种方式指的是在最后再强调一下人群，例如"和我一样怎么怎么样的姐妹一定要买"，或者是"家里还没有车的姐妹一定要买"。

（2）软性引导

这种方式是内容型短视频目前使用最多的一种结尾方式，它不会直接用价格和赠品的方式结尾，而是用如"我不仅给自己买了，还给爸妈也买了这款，就是当之无愧的扛把子"的方式去做结尾。

其实，短视频是艺术创作的一种形式，艺术源于生活但高于生活，可以多维度构思创作。但是别忘了任何天马行空的创意，都是为了输出有价值的思想，引起用户共鸣，保持用户黏性。

知识储备二　汽车短视频内容形式选择

汽车短视频的内容形式选择非常多样化，可以根据目标受众、品牌定位、内容主题等因素来确定。以下是一些常见的汽车短视频内容形式。

1. 新车发布与评测

新车发布与评测类短视频一般通过专业或用户视角进行评测，展示新车的外观设计、内饰配置、驾驶体验等，可以邀请汽车专家、知名车评人或KOL（意见领袖）参与，提高内容的权威性和影响力。

2. 驾驶技巧与经验分享

驾驶技巧与经验分享类短视频一般是分享驾驶过程中的安全注意事项、节能驾驶方法、应对紧急情况的技巧等，可以结合具体路况、车型特点进行演示，使内容更具针对性和实用性。

3. 汽车改装与个性化定制

汽车改装与个性化定制类短视频一般是展示汽车改装前后的对比效果，介绍改装件的选择、安装过程及改装后的驾驶体验，可以邀请改装车爱好者或专业人士分享改装经验和心得，激发观众的兴趣和热情。

4. 汽车文化与历史

汽车文化与历史类短视频一般介绍汽车的发展历程、经典车型、知名汽车厂商等，让观众了解汽车文化的魅力。对此，可以结合历史事件、人物传记、电影片段等内容，使内容更具故事性和趣味性。

5. 汽车赛事与活动

汽车赛事与活动类短视频通过报道汽车赛事、车展、车友聚会等活动的现场情况，展示汽车运动的激情与魅力，可以邀请参赛选手、活动组织者、观众等分享心得和感受，增强内容的互动性和参与感。

6. 汽车维护与保养

汽车维护与保养类短视频主要分享汽车日常保养、维修、故障排除等方面的知识和技巧，可以结合具体车型、故障案例进行讲解，使内容更具针对性和实用性。

7. 汽车生活与旅行

汽车生活与旅行类短视频主要介绍自驾游、房车旅行、汽车露营等汽车生活方式，分享旅途中的见闻和体验，可以结合美食、文化、景点等内容，使内容更具趣味性和吸引力。

8. 汽车科技与智能化

汽车科技与智能化类短视频主要介绍汽车领域的最新科技趋势、智能驾驶、新能源技术等内容，可以结合具体车型、技术细节进行讲解，展示汽车科技的魅力和前景。

9. 互动问答与观众参与

在汽车短视频中设置问答环节，鼓励观众留言提问、分享经验，还可以定期举办抽奖、互动话题等活动，提高观众的参与度和黏性。

10. 系列化与主题化内容

将相关内容进行系列化、主题化呈现，如"汽车百科""名车故事"等，通过连续性的内容输出，形成品牌特色和观众期待。

在选择汽车短视频内容形式时，要注意保持内容的多样性和新鲜感，以满足不同观众的需求和兴趣。同时，要注重内容的质量和价值，提供有价值、有深度的内容给观众。

知识储备三　汽车短视频内容节奏把握

汽车短视频以其短小精悍、直观生动的特点，迅速吸引了大量年轻受众的关注。这些受众对汽车文化、产品性能、驾驶体验等方面有着浓厚的兴趣，同时也追求新鲜、有趣、有深度的内容。因此，汽车短视频的内容策划和节奏把握显得尤为重要。

1. 针对性的内容策划

在策划汽车短视频内容时，首先要明确品牌定位和目标用户需求。根据市场需求和受众喜好，选择具有吸引力和针对性的主题，如新车发布、驾驶技巧、汽车文化等。同时，要注重内容的创新性和独特性，避免与竞争对手的内容雷同。

2. 紧凑的讲述节奏

在故事线或产品介绍中，设置高潮、起伏和结局等元素，是引导观众情感参与的关键。通过紧凑的剪辑、悬念的设置和情感的渲染，使观众在观看过程中产生共鸣和兴趣。同时，要注重故事的逻辑性和连贯性，避免出现观众难以理解的情况。

3. 简洁明了的信息传递

提高信息传递效率是汽车短视频的重要目标。在语言表达上，要力求简洁明了、通俗易懂，避免使用过于专业的术语和复杂的句子结构。在视觉效果上，要运用多种拍摄手法和剪辑技巧，使画面更加生动、直观，有助于观众更好地理解和接受信息。

4. 巧妙的广告植入

对于商业性质较浓厚的汽车短视频作品，如何在不破坏整体节奏感的前提下自然地融入广告或品牌宣传元素，是创作者需要解决的问题。可以通过巧妙的剧情设置、产品植入和明星代言等方式，将广告元素融入内容中，同时保持内容的趣味性和吸引力。

5. 充分利用社交媒体传播优势

利用各大社交平台进行汽车短视频的推广时，需要注意时长、发布时间点等因素。短视频的时长应控制在用户容易接受的范围内，同时要根据目标受众的活跃时间选择合适的发布时间点。此外，要注重与用户的互动和反馈，及时调整内容策略，提高传播效果。

6.结合成功的案例分析

结合成功的汽车短视频案例进行剖析，可以提炼出许多宝贵的经验教训。例如，某品牌通过精心策划的短视频展示了其新款车型的驾驶性能和科技配置，同时巧妙地植入了品牌宣传元素，取得了良好的传播效果；在制作过程中，他们注重节奏感的把握，使观众在观看过程中始终保持兴趣和好奇心。

把握好汽车短视频的内容节奏是提升观众体验与品牌传播的关键。通过针对性的内容策划、紧凑的讲述节奏、简洁明了的信息传递、巧妙的广告植入、充分利用社交媒体传播优势和结合成功的案例分析等方法，可以制作出高质量、有吸引力的汽车短视频作品，为品牌宣传和产品推广带来更好的效果。

汽车短视频内容
策划学生工作页

技能训练　为爱车策划一场独一无二的营销

1.准备工作（表3-3）

表3-3　为爱车策划一场独一无二的营销技能训练准备工作

场地准备	设备准备	工具准备	课堂布置
对应数量的桌椅	无	大白纸、笔	分组练习

2.分组讨论

1）选定汽车品牌及活动主题。

2）构思汽车短视频内容的创意。

3）选择汽车短视频内容的形式。

3.展示评比

各小组推选一名同学进行展示，老师进行总结并点评。

4. 评价表（表 3-4）

表 3-4　为爱车策划一场独一无二的营销技能训练评价表

评价项目	活动主题确定和目标受众分析（20分）	创意构思（20分）	内容形式（20分）	节奏把握（20分）	综合表现（20分）	总分（100分）
评价标准	1. 主题选择是否紧密结合汽车行业的热点和趋势，是否清晰分析目标受众特征 2. 内容创意是否具有吸引力和独特性 3. 内容形式是否满足观众的需求和兴趣 4. 节奏把握是否让观众产生共鸣和兴趣				礼仪规范 语言组织	自评得分（　　　）
第　　组						
点评记录	优点					
	缺点					

5. 自我总结

学习任务三 汽车短视频脚本制作

汽车短视频脚本制作

情境描述

经过深入的内容策划，王同学已经构思出一段吸引人的汽车短视频内容。现在，他需要将这个构想转化为一个精细的脚本。他明白，一个好的脚本是视频成功的关键，不仅需要包含引人入胜的开头，还要有一个令人回味的结尾。此外，为了让拍摄团队能够准确执行他的创意，他还需要为每个镜头设计详细的动作和对话。那么，王同学该如何设计出这样一份完美的脚本呢？

情境分析

在汽车短视频的制作过程中，脚本的撰写是至关重要的一环。一个明确的脚本能够指导团队高效地完成任务，让所有工作人员，包括导演、摄影师、演员和后期剪辑师等都能清楚地了解各自的职责和所需完成的内容，从而快速地完成任务。对于初入职场的王同学来说，掌握脚本制作技巧是提升其专业技能的关键一步。他还需要学会制作分镜头脚本，以确保每个镜头的动作、台词和场景转换都能紧密衔接，从而打造出一部高质量的汽车短视频。通过精心制作脚本，王同学可以更有效地传达汽车产品的卖点，吸引更多潜在客户，进而提升品牌影响力和销售转化率。而如果在拍摄前没有编写短视频脚本，在拍摄时就可能会出现各种差错，例如，道具不齐全，所有参与拍摄的人员全部停下来等道具；拍摄进行到一半，发现场景没有代入感，又要换场景重新拍摄；又或者台词准备不充分，中途演员和编导又要重新策划台词，等等。最后，人力物力财力耗尽，我们所期待的优质内容却没有拍出来。所以，拍摄汽车短视频前，我们一定要准备脚本。

学习目标

知识目标

● 能描述汽车短视频脚本的定义、分类及作用。

- 能描述汽车短视频脚本编写的步骤。
- 能描述分镜头脚本制作的核心要素和技巧。
- 能描述镜头切换技巧和场景转换策略。

技能目标

- 会根据实际情况，灵活选择并应用不同的脚本编写技巧。
- 会运用分镜头脚本制作技巧，完成高质量的脚本创作。

素养目标

- 具有创新思维，以及自主学习、探索新方法和新思路的能力。
- 具有精益求精的工作态度，追求专业性和完美性。
- 具有良好的网络道德和职业操守。
- 具有法律意识，尊重原创，不侵犯他人知识产权。

在汽车营销推广中，有许多企业在进行汽车视频营销时，由于缺少汽车短视频脚本制作这一环节，导致营销策划方案无法顺利展开，从而影响到整个汽车视频营销策划方案的推进。所以，如何进行汽车短视频脚本制作对于汽车企业来说是至关重要的。

知识储备一　汽车短视频脚本编写技巧

一、汽车短视频脚本的定义

汽车短视频脚本是指拍摄汽车短视频时所依据的大纲底本。所有参与拍摄、剪辑的人员，包括摄影师、演员、剪辑师、拍摄道具等，都是依据脚本进行展开。简单地说，汽车短视频脚本就是拍摄汽车短视频的依据，脚本的创作是为了提前统筹安排好每个人、每一步要做什么事。

汽车短视频脚本的首要任务是明确并突出视频的主题。一个好的脚本应该能够清晰地传达出视频的核心信息和主要观点，使得观众在观看时能够迅速捕捉到视频的主旨。其次，一个详细的汽车短视频脚本可以大大提高拍摄效率。脚本中会明确列出每一个镜头的具体内容、拍摄角度、演员动作等细节，这样摄影师和演员在拍摄过程中就能够迅速准确地完成任务，减少了现场即兴发挥和重复拍摄的时间。精心设计的脚本对于提升视频质量至关重要。通过使用脚本，创作者可以对视频的节奏、情节、视觉效果等进行精确把控，从而制作出高质量的视频作品。

二、汽车短视频脚本的分类

汽车短视频脚本通常分为拍摄提纲、文学脚本和分镜头脚本三种类型，分别有各自的特点并适合不同的应用场景。

1. 拍摄提纲

拍摄提纲是一种简洁的、条目式的脚本，主要列出视频的主题、主要内容点以及预期的拍摄顺序。它不涉及具体的对话或详细动作，而是提供一个整体的框架和方向。它一般适用于新闻报道、纪录片、产品测评等需要快速捕捉要点和结构的视频制作。汽车测评拍摄提纲示例见表 3-5。

表 3-5 汽车测评拍摄提纲示例

序号	内容点	拍摄重点
1	车辆外观展示	前脸、侧面、尾部多角度展示
2	内饰细节	仪表盘、座椅、中控系统等
3	动力性能测试	加速、制动、转弯性能
4	操控性评价	方向盘反馈、悬架系统等
5	舒适性体验	噪声、振动、座椅舒适度
6	安全性能分析	主动安全系统、被动安全配置
7	价格与市场定位	竞品对比、性价比分析

2. 文学脚本

文学脚本更侧重于故事性和叙述性，包括角色对话、场景描述和情感渲染。它通常用于剧情片、广告或具有故事情节的汽车短视频，一般适用于讲述一个完整故事或传达某种情感的视频制作。文学脚本可以更好地展现视频的故事情节,凸显人物性格,使观众产生共鸣。汽车捐赠后脚本示例见表3-6。

表3-6 汽车捐赠后脚本示例

场景	角色	对话内容
乡间小路上,警车内	李警官	"这车真不错,还得感谢××集团的捐赠。"
乡间小路上,警车内	张警官	"是啊,自从有了这车,出警效率都高多了。"
乡间小路上,警车内	李警官	"××集团的捐赠,不仅给了我们一辆车。"
乡间小路上,警车内	张警官	"这话怎么说?"
乡间小路上,警车内	李警官	"这车提高了效率,也给了我们信心和决心去维护治安。"
乡间小路上,警车内	张警官	"是啊,它像一个坚强的后盾。"
乡间小路上,警车内	李警官	"这车也是责任和信任。"
乡间小路上,警车内	张警官	"没错,我们要好好珍惜这车,服务社区。"
办案地点的村口,警车外	李警官、张警官	场景描述:两人下车,带着严肃而坚定的表情,走向办案地点

3.分镜头脚本

分镜头脚本是详细规划每一个镜头的脚本,它将每个镜头的镜号、景别、运镜方式、拍摄角度、时长、人物、道具、场景描述、旁白或字幕、音乐或音效等详细列出,形成一幅幅镜头画面。它非常具体,是拍摄或后期制作的重要依据,适用于所有类型的视频制作,特别是需要精细控制和高度协调的项目。自动驾驶技术介绍分镜头脚本示例见表3-7。

表3-7 自动驾驶技术介绍分镜头脚本示例

镜号	景别	运镜方式	拍摄角度	时长	人物	道具	场景描述	旁白/字幕	音乐/音效
1	全景	推镜头	正面	10秒	主持人	新技术展示车	展示车全景,慢慢推近	"欢迎来到本期的汽车新技术探秘。"	激昂的音乐
2	近景	无	侧面	5秒	主持人	无	主持人站在车旁介绍	"今天,我们将介绍这款车的自动驾驶技术。"	背景音乐继续

（续）

镜号	景别	运镜方式	拍摄角度	时长	人物	道具	场景描述	旁白 / 字幕	音乐 / 音效
3	特写	摇镜头	细节	8秒	无	展示车仪表盘	仪表盘细节特写，展示界面	"看，这就是激活自动驾驶的界面。"	科技音效
4	中景	跟镜头	后方	12秒	主持人、试驾员	展示车	试驾员启动自动驾驶，车辆行驶	"现在，让我们看看这辆车如何自动驾驶。"	紧张的音效
5	全景	拉镜头	正面	10秒	无	展示车	车辆自动驾驶，远离镜头	"这就是未来的驾驶体验，期待更多创新技术。"	背景音乐渐弱

三、汽车短视频脚本的编写步骤

汽车短视频脚本的编写是短视频创作的核心步骤，一个优秀的脚本能够确保视频内容吸引人、信息传达准确且情感充沛。

1. 搭建框架

在开始编写脚本之前，需要先搭建起整个视频的大致框架。这包括确定视频的长度、结构（开头、中间、结尾）以及整体风格。

2. 明确主题

主题是视频的灵魂，它决定了视频要传达的核心信息。一个好的主题能够迅速抓住观众的注意力，并引导他们深入观看。

3. 设置角色

根据主题，设定具有代表性和吸引力的角色。这些角色应该能够与观众产生共鸣，引领他们进入故事情境。

4. 选择场景

选择合适的场景对于增强视频的视觉效果和情感表达至关重要。场景应该与主题和角色紧密相关，营造出相应的氛围。

5. 设计情节

情节是推动故事发展的关键因素。一个好的情节应该充满冲突和转折，能够持续吸引观众的注意力。

6. 运用影调

影调是通过色彩、光线等视觉元素来营造视频的整体氛围和情感基调。不同的影调能够传达出不同的情感和信息。

7. 背景音乐

背景音乐是增强视频感染力的重要手段。选择与主题和情节相契合的音乐能够引导观众的情绪，使他们更加深入地体验视频内容。

知识储备二　汽车短视频分镜头脚本制作技巧

一、分镜头脚本的定义

分镜头脚本，又称"剪辑脚本""拍摄脚本""分镜脚本"，是指用文字、图示、符号等方式，将整个短视频按照时间、空间、人物、场景等要素，分割成若干个基本单位，即"镜头"，并针对每个镜头给出详细的要拍摄的内容、拍摄方式及拍摄时间等信息的文本形式的作品创作计划。其内容主要包括镜号、景别、运镜方式、拍摄角度、时长、人物、道具、场景描述、旁白/字幕和音乐/音效等。

分镜头脚本是逐一描绘视频中每个场景镜头的工具，能够帮助规划好拍摄视频的计划。在拍摄过程中，摄影师、演员等人员需要相互协作，分镜头脚本则是协调各工作人员形成共识的工具和文档。分镜头脚本能够明确规划拍摄计划，为剪辑、特效制作、音效设计等后期制作预留空间。

二、分镜头脚本十要素

1. 镜号

镜号是每个镜头的编号，便于拍摄和后期编辑时快速定位和识别。制作脚本时镜号应连续不重复，并且与视频的时间线相对应。

2. 景别

景别是指画面的范围，包括远景镜头、全景镜头、中景镜头、近景镜头、特写镜头等。制作脚本时要根据视频内容和表达需求选择合适的景别，并在脚本中明确标注。

1）远景镜头：拍摄主体在很远距离的场景，通常只包括人物的腿部或物体的微小部分。这种镜头可以用来展示人物或物体在环境中的规模，以及人与环境的关系。

2）全景镜头：拍摄主体的整体，通常包括人物全身或物体的全部。这种镜头可以用来展示人物与环境的关系，或者展示物体的全貌。

3）中景镜头：拍摄主体的中部区域，通常包括膝盖以上的部分。这种镜头可以用来展示人物在环境中的位置，以及人物与周围环境的关系。

4）近景镜头：拍摄主体的中部区域，通常包括腰部以上或以下的部分。这种镜头可以用来展示人物之间的关系，或者展示人物的动作和表情。

5）特写镜头：拍摄主体的某个局部细节，通常是脸部以及物体或特殊场景的特写。这种镜头可以强调主题，突出细节，使观众更加关注某个特定的元素。

3. 运镜方式

运镜是运动镜头的缩写，是指在一个镜头中，通过移动机位，或者改变镜头远近、焦距变化来进行拍摄的方法。运镜拍摄是短视频制作中不可或缺的一环，是为了创造视觉美感，突出短视频的艺术表现力，表达创作者的情感和思想而进行的。一个好的运镜拍摄可以为短片增添无穷的魅力。运镜一般分为推、拉、摇、移、跟、升、降和环绕等方式。在制作脚本时要明确每个镜头的运动方式，以及运动的起始和结束状态。

1）推镜头：把手机或相机慢慢向摄像主体推进，镜头画面由大景别持续向小景别变化，突出拍摄主体，聚焦视线；常用在视频的开头，烘托氛围或者强调被拍摄的人或物体。

2）拉镜头：把手机或相机慢慢向后拉，镜头由近到远，使拍摄主体在画面中慢慢变小；常用于向观众展示拍摄主体所处的环境，通常用于视频的结尾。

3）摇镜头：拍摄者机位不动（站在原地），通过摇动手臂带动手机呈弧线运动，摇镜头有横向摇和纵向上下摇；摇镜头经常用来交代环境背景，展现出广阔的景象，内容真实且丰富。

4）移镜头：通常指在水平方向，按一定运动轨迹进行运动拍摄，是一种侧面跟拍人物的表现手法；用来展现场景中人物之间的空间关系，通常作为镜头转场前后衔接的画面。

5）跟镜头：通常是指在物体的后方一直跟着拍摄主体进行拍摄，交代拍摄主体的运动方向，以及主体和环境之间的关系；具有第一人称的代入感，常见于 Vlog、旅行视频。

6）升镜头：手机由下往上进行拍摄，这种拍摄方式是展示拍摄氛围的绝佳利器，通过升镜头展现大的背景环境；常用于镜头转场和视频结尾。

7）降镜头：手机由上往下拍摄，这种拍摄方式是拍摄光晕的首选；拍摄时可以巧妙利用前景进行遮挡，能很好地增强运动感和神秘感，也就是常说的大片感。

8）环绕镜头：以被拍摄物作为圆的中心点，手机或相机按一定的半径环绕被拍摄物体进行拍摄；环绕镜头能够突出拍摄主体，渲染情绪，使物体更有张力，通常用于拍摄人物以及环境。

4. 拍摄角度

拍摄角度又称画面角度、镜头角度，指的是摄影机拍摄视频画面时所选取的视角，一般有水平夹角（包括正面、侧面、背面）和垂直夹角（包括平视、俯视、仰视）等。在制作脚本时，要选择合适的角度以突出视频主题和氛围。

5. 时长

时长指控制每个镜头的时间，以保证视频节奏紧凑。在制作脚本时要根据内容重要性和观众兴趣点，合理分配每个镜头的时长。

6. 人物

在制作脚本时要明确视频中出现的人物及其角色定位，描述人物的外貌特征、动作和表情等。

7. 道具

道具指在拍摄短视频时所用的器物。其主要作用是增强视频视觉效果，辅助故事情节展开。在制作脚本时要列出所有使用的道具，并说明其在视频中的作用。

8. 场景描述

场景描述是指在一定时间和地点，以人物活动或自然和景观为中心的生活画面。场景描述可以为故事提供背景，渲染气氛，烘托人物性格，推动情节发展，并能映衬人物心情，抒发思想情感。在制作脚本时要详细描述每个镜头的画面内容，要特别注意细节描述，确保画面内容连贯且符合视频主题，为拍摄和后期提供参考。

9. 旁白 / 字幕

旁白指视频中没有出演而通过语句和字幕表达而反映剧情的解说词，一般用于介绍和议论，主要是提供背景信息、解释专业术语或引导观众情感。在制作脚本时要求语言简洁明了，与画面内容相协调。

10. 音乐 / 音效

音乐 / 音效主要是营造氛围、增强情感表达或突出视频节奏。在制作脚本时要选择合适的音乐和音效，确保与视频内容和风格相匹配。

三、分镜头脚本制作技巧

分镜头脚本是任何视频制作中不可或缺的工具，它像一张详尽的蓝图，为整个创作团队提供了明确的方向。它不仅规范了镜头的视觉呈现，还通过细致入微的旁白、字幕和音乐音效设计，丰富了影片的叙事层次和情感表达。

制作出既专业又吸引人的汽车短视频脚本，可以有效传达汽车产品的特点和优势，从而吸引潜在客户的关注并促进销售。以下总结几种分镜头脚本制作技巧。

1. 引起共鸣：人物＋状态＋情感宣泄

（1）使用方法

1）选择一个具体的人物作为主角。

2）描述这个人物所处的特定状态或情境。

3）通过这个人物的视角表达一种强烈的情感。

（2）注意要点

1）人物要具体，状态要真实，情感要真挚。

2）情感宣泄要适度，避免过于煽情。

"引起共鸣"分镜头脚本案例见表3-8。

表3-8 "引起共鸣"分镜头脚本案例

镜号	景别	运镜方式	拍摄角度	时长	人物	道具	场景描述	旁白	音乐/音效
1	远	拉镜头	正面	10秒	老王	老王的座驾	一辆略显老旧但依然保养得很好的汽车停在空旷的场地上	"这是一辆已经陪伴了老王十多年的座驾，见证了他的风风雨雨。"	悠扬的钢琴曲，带有些许忧伤
2	中	推镜头	侧面	8秒	老王	方向盘	老王站在车旁，手抚方向盘，深情凝视	"对于老王来说，这不仅仅是一辆车，更是他多年的老友。"	轻柔的弦乐，回忆的氛围
3	近	静止镜头	正面	6秒	老王	摄像头、方向盘	老王开始录制视频，摄像头对准自己和方向盘	"今天，他要和这位老朋友告别，录制下他们最后的时光。"	淡淡的吉他弹奏声，透露着不舍
4	特	摇镜头	正面	4秒	老王	老王的脸庞	镜头聚焦在老王的脸庞上，捕捉到他眼中的情感波动	"他的眼中满是不舍，但更多的是感激和祝福。"	情感深沉的钢琴曲，情感逐渐高涨

（续）

镜号	景别	运镜方式	拍摄角度	时长	人物	道具	场景描述	旁白	音乐/音效
5	全	旋转镜头	环绕	10秒	老王	老王的座驾	镜头环绕汽车一周，展示汽车的全貌	"这是一辆有故事的车，它见证了老王的成长和变迁。"	激昂的交响乐，彰显汽车的历史与故事
6	中	推镜头	侧面	6秒	老王	方向盘	老王再次抚摸方向盘，低声诉说	"老朋友，谢谢你这么多年的陪伴，希望你的新主人能好好待你。"	轻柔的小提琴曲，带着无尽的思念
7	远	拉镜头	背面	10秒	老王	老王的背影、老王的座驾	老王缓缓走开，留下孤独的汽车和他的背影	"这是一个结束，也是一个新的开始，老王和他的老朋友，都将迎来新的旅程。"	宏大的管弦乐，带有希望和期待

2. 引发好奇：描述事件/观点 + 留出悬念

（1）使用方法

1）先描述一个不寻常的事件或提出一个新颖的观点。

2）在关键时刻停止叙述，留下悬念。

（2）注意要点

1）事件或观点要具有吸引力，能够引发观众的好奇心。

2）悬念要设置得恰到好处，既不能太明显也不能太晦涩。

"引发好奇"分镜头脚本案例见表3-9。

表3-9 "引发好奇"分镜头脚本案例

镜号	景别	运镜方式	拍摄角度	时长	人物	道具	场景描述	旁白	音乐/音效
1	中景	推镜头	正面	5秒	主持人	神秘盒子	桌上放着一个神秘盒子	"你知道这里面装的是什么吗？它可能会改变你的驾驶体验。"	神秘音乐/悬念音效
2	近景	静止镜头	正面	4秒	主持人	神秘盒子	主持人慢慢打开盒子	"这是最新研发的高科技汽车配件，它有什么特别之处呢？"	科技感音乐/开启盒子的声效

（续）

镜号	景别	运镜方式	拍摄角度	时长	人物	道具	场景描述	旁白	音乐/音效
3	特写	推镜头	侧面	3秒	主持人	高科技汽车配件	配件被展示	（无）	高科技音效
4	中景	移镜头	正面	6秒	主持人/技术人员	高科技汽车配件、工具	技术人员正在安装配件到汽车上	"安装简单，但效果惊人。你猜，它会给驾驶带来怎样的变革？"	工作时的背景音/工具声效
5	全景	拉镜头	侧面	8秒	技术人员	安装好的汽车	汽车展示，配件已安装完毕	（无）	车辆起动声效
6	远景	跟镜头	正面	10秒	技术人员	行驶中的汽车	汽车在道路上行驶，配件发挥作用	"它不仅能提升驾驶的舒适性，还有助于环保和节能。"	车辆行驶声效/轻快的背景音乐
7	特写	静止镜头	正面	5秒	主持人	高科技汽车配件	镜头聚焦在配件上	"想要了解更多关于这个神奇配件的信息？请继续关注我们的频道！"	悬念音效/结束音乐

3. 引发互动：主题＋情景＋问句

（1）使用方法

1）设定一个明确的主题。

2）构建一个与主题相关的情景。

3）在情景中提出一个问题，引发观众的思考和互动。

（2）注意要点

1）主题要明确，情景要生动。

2）问题要具有开放性，能够引发观众的讨论。

"引发互动"分镜头脚本案例见表3-10。

表 3-10 "引发互动"分镜头脚本案例

镜号	景别	运镜方式	拍摄角度	时长	人物	道具	场景描述	旁白	音乐/音效
1	远	推镜头	俯视	10秒	人物A、B	帐篷、野餐用具	两人正在野外露营，天空突然乌云密布	"原本平静的露营之旅，却因突如其来的恶劣天气而紧张起来。"	雷电交加的音效
2	中	静止镜头	正面	5秒	人物A	担忧的表情	人物A看着天空，露出担忧的表情	"这天气怎么说变就变，我们得赶紧走！"	风声、雨声逐渐加强
3	中	静止镜头	正面	5秒	人物B	冷静的表情	人物B看着A，表情冷静	"别担心，我们有两辆车可以选。"	雨声持续
4	全	拉镜头	侧面	8秒	无	SUV、轿车	展示两辆车：一辆霸气的SUV和一辆精致的小轿车	"面对恶劣天气，哪辆车更适合救援呢？"	紧张的背景音乐
5	近	静止镜头	正面	4秒	人物A	思考的表情	人物A看着两辆车，陷入思考	"这种天气，SUV更适合。"	雨声、雷声
6	近	静止镜头	正面	4秒	人物B	点头的表情	人物B点头同意A的看法	"说得对，SUV的越野性能强悍。"	雨声持续
7	中	推镜头	正面	6秒	人物A、B	行李	两人迅速收拾好行李，跑向SUV	"时间紧迫，他们必须迅速做出决定。"	紧张的背景音乐加强
8	远	跟镜头	后面	10秒	人物A、B	SUV	SUV起动，驶离露营地	"SUV展现出卓越的越野性能，轻松应对恶劣天气。"	车辆起动、驶离的声音
9	全	旋转镜头	俯视	8秒	无	SUV在泥泞路上行驶	SUV在泥泞和积水中穿梭自如	"面对恶劣天气，SUV的越野性能得到了充分体现。"	紧张的背景音乐逐渐平缓
10	近	静止镜头	正面	5秒	人物A、B	安全的表情	两人下车，相视而笑	"他们庆幸自己做出了正确的选择。"	轻快的背景音乐

4. 表达鼓励：你要相信 + 观点 + 表达鼓励

（1）使用方法

1）以"你要相信"作为开头，给出一个积极的观点。

2）通过这个观点鼓励观众去做某件事情或持有某种态度。

（2）注意要点

1）观点要积极正面，具有鼓励性。

2）表达要真诚，能够打动人心。

"表达鼓励"分镜头脚本案例见表3-11。

表3-11 "表达鼓励"分镜头脚本案例

镜号	景别	运镜方式	拍摄角度	时长	人物	道具	场景描述	旁白	音乐/音效
1	远	静止镜头	正面	8秒	年轻人	汽车	朝阳初升，汽车停在宽广的道路上	"驾驶，不仅仅是一种出行方式，更是一种生活态度。"	轻松明快的旋律
2	中	推镜头	侧面	6秒	年轻人	汽车内部	年轻人走向汽车，坐进驾驶室	"每一次上车，都是一次新的旅程，都是对生活的热爱与向往。"	期待的音效，如车门开关声
3	近	跟镜头	正面	5秒	年轻人	方向盘、仪表盘	年轻人起动汽车，专注驾驶	"驾驶的路上，我们享受每一刻。"	汽车起动的声音
4	全	移镜头	俯视	10秒	年轻人	行驶中的汽车	汽车穿梭在城市的大街小巷	"珍惜与车相处的时光，它见证了我们的成长，陪伴我们走过风风雨雨。"	城市街道的嘈杂声
5	远	拉镜头	正面	8秒	年轻人	停在海边的汽车	夜幕降临，年轻人将车停在海边	"愿你在驾驶的路上，不断发现生活的美好，享受驾驶带来的自由与激情。"	海浪声和柔和的音乐
6	远	推镜头（由远至近）	背面	6秒	年轻人	驶离的汽车	年轻人回到车中，起动车辆驶离	"驾驶，是一种生活态度。无论你选择哪种车型，都要珍惜与它相处的时光。"	汽车驶离的声音
7	远	旋转镜头	俯视	10秒	无	车尾灯在夜色中渐行渐远	镜头拉远，留下车尾灯在夜色中渐行渐远的画面	"愿你在驾驶的路上享受每一刻！"	浪漫的音乐，声音逐渐减弱

5. 制造冲突（反差）+ 提出问题 + 给出答案

（1）使用方法

1）先制造一个冲突或反差情境。

2）在这个情境下提出一个问题。

3）最后给出问题的答案或解决方案。

（2）注意要点

1）冲突或反差要明显，能够吸引观众的注意力。

2）问题要紧扣冲突点，答案要具有说服力。

"制造冲突"分镜头脚本案例见表 3-12。

表 3-12　"制造冲突"分镜头脚本案例

镜号	景别	运镜方式	拍摄角度	时长	人物	道具	场景描述	旁白	音乐/音效
1	远	推镜头	平视	10秒	小明	家用车	城市街道	"在繁忙的城市街道上，小明驾驶着一辆看似普通的家用车。"	城市街道的背景噪声
2	特	静止镜头	正面	5秒	小明的手	家用车方向盘	车内	"小明自信地握住方向盘，准备车辆起步。"	汽车发动机的轻微轰鸣声
3	中	静止镜头	侧面	6秒	豪车驾驶者	豪车	红绿灯前	"旁边的豪车驾驶者满脸自信，准备与小明一同起步。"	豪车内饰的奢华音效
4	全	拉镜头	俯视	8秒	小明、豪车驾驶者	家用车、豪车	街道	"红绿灯变换，两辆车如同离弦之箭，迅速起步。"	汽车起动加速的声音
5	特	静止镜头	正面	4秒	行人	无	街道	"突然，一个行人慌张地横穿马路，情况紧急！"	行人惊慌失措的呼喊声
6	近	摇镜头	侧面	7秒	小明	家用车	街道	"小明迅速踩下制动踏板，家用车的紧急制动辅助系统立即响应。"	轮胎与地面的摩擦声、系统起动声
7	近	推镜头	侧面	6秒	豪车驾驶者	豪车	街道	"旁边的豪车也紧急制动，但制动距离过长，差点引发事故。"	制动声、豪车驾驶者的惊呼声

（续）

镜号	景别	运镜方式	拍摄角度	时长	人物	道具	场景描述	旁白	音乐/音效
8	中	静止镜头	正面	7秒	小明、豪车驾驶者	家用车、豪车	街道	"小明向豪车驾驶者解释家用车的紧急制动辅助系统，强调了安全技术的重要性。"	城市街道的背景噪声
9	全	拉镜头	俯视	10秒	小明、豪车驾驶者	家用车、豪车	街道	"在安全技术的保护下，普通的家用车在紧急情况下展现了出色的性能。"	轻松的背景音乐

6. 干货输出：情景＋怎么做＋事件

（1）使用方法

1）设定一个具体的情景。

2）在这个情景下介绍"怎么做"的方法或步骤。

3）最后展示一个相关的事件或结果作为验证。

（2）注意要点

1）情景要贴近观众的实际需求。

2）"怎么做"部分要详细具体，便于观众理解和操作。

3）事件或结果要真实可信，能够支撑前面的方法介绍。

"干货输出"分镜头脚本案例见表3-13。

表3-13 "干货输出"分镜头脚本案例

镜号	景别	运镜方式	拍摄角度	时长	人物	道具	场景描述	旁白	音乐/音效
1	远	推镜头	俯视	10秒	小张和朋友们	抛锚的汽车	秋日郊外的乡间小路，汽车停在路边	"在这个秋高气爽的周末，小张和他的朋友们原本计划来一场说走就走的自驾游。谁知道，这辆车竟然也有'秋乏'的时候，直接罢工了路边。"	秋日的风声、鸟鸣声
2	中	静止镜头	侧面	6秒	小张	破损的轮胎	小张一脸愁容地检查着瘪了的轮胎	"哎呀，这轮胎怎么就被钉子扎破了呢？就像小张此时的心情，一下子从巅峰跌到了谷底。"	轮胎漏气的声音

（续）

镜号	景别	运镜方式	拍摄角度	时长	人物	道具	场景描述	旁白	音乐/音效
3	近	摇镜头	正面	5秒	小张	备用轮胎	小张从行李舱里拿出了"救命稻草"——备用轮胎	"哈哈，幸好小张是个有备而来的人，这备用轮胎就像是小张的'救命稻草'，让他看到了重新上路的希望。"	充满戏剧性的音效
4	全	拉镜头	俯视	8秒	小张和朋友们	千斤顶、扳手	一群人围在车边，准备大干一场	"换轮胎这种小事儿，怎么能难得倒这群'修车小能手'呢？看他们的架势，仿佛是在进行一场严肃的'外科手术'。"	紧张而充满挑战的音乐
5	特	静止镜头	正面	4秒	小张	千斤顶	小张正在用力地摇着千斤顶	"千斤顶，起！看来小张不仅是个自驾游高手，还是个隐藏的'大力士'"	千斤顶升起的声音、众人加油鼓劲的声音
6	近	推镜头	侧面	7秒	小张	扳手、螺栓	小张满脸通红地卸着螺栓	"这螺栓也太紧了吧！小张使出了吃奶的劲儿，才勉强拧动了一点点。"	扳手转动的声音、小张的喘气声
7	中	摇镜头	正面	6秒	小张和朋友们	新轮胎	众人合力将新轮胎抬到车边	"人多力量大，看这群人齐心协力抬轮胎的样子，真是壮观啊！"	众人呐喊的声音
8	近	静止镜头	侧面	5秒	小张	扳手、螺栓	小张再次拿起扳手，紧固螺栓	"换轮胎的最后一步，就是紧固螺栓。小张小心翼翼地拧着每一个螺栓，生怕出现任何差错。"	扳手转动的声音
9	全	拉镜头	俯视	10秒	小张和朋友们	更换好的轮胎	一群人围着车欢呼雀跃	"太棒了！经过一番努力，他们终于成功更换了轮胎。看这群人高兴的样子，仿佛赢得了什么大奖似的。"	欢快的音乐、众人的欢呼声
10	远	推镜头	俯视	8秒	小张驾车离去	重新上路的车	小张驾车离去，扬起一片尘土	"重新上路的小张，心情也像这秋日的阳光一样明媚。这次意外的经历，不仅让他学会了换轮胎，还让他更加珍惜与朋友们在一起的时光。"	轻松的音乐、汽车驶离的声音

7. 综合热点：热点话题 + 创新角度

（1）使用方法

1）选择当前热门的汽车相关话题。

2）从一个新的、独特的角度切入这个话题。

3）结合自己的观点或发现，给出新颖的见解或分析。

（2）注意要点

1）热点话题要选取得当，确保其具有广泛的关注度。

2）创新角度要独特且有力，能够吸引观众的注意力。

"综合热点"分镜头脚本案例见表3-14。

表3-14 "综合热点"分镜头脚本案例

镜号	景别	运镜方式	拍摄角度	时长	人物	道具	场景描述	旁白	音乐/音效
1	远	推镜头	俯视	10秒	小李	电动汽车	小李的电动汽车在公路上行驶	"一位电动汽车车主，决定挑战从上海到北京的长途旅行。"	欢快的背景音乐、汽车行驶的声音
2	中	跟镜头	平视	8秒	小李	智能手机	小李在查看智能充电APP	"为了这次旅行，他做好了充分的准备。"	智能手机操作声
3	全	移镜头	平视	12秒	小李	电动汽车、公路	小李驾车行驶在风景优美的公路上	"沿途，他发现了许多意想不到的美景。"	风景中的鸟鸣声、汽车行驶声
4	近	静止镜头	正面	6秒	小李	充电线、充电站	小李在充电站为电动汽车充电	"每当电量低时，他都能轻松找到充电站。"	充电设备"嘀"声、电流声
5	特	旋转镜头	侧面	5秒	小李	美食	小李在充电站旁的小餐馆享受美食	"在充电时，他还有时间品尝当地的美食。"	餐馆的背景噪声、人们的交谈声

（续）

镜号	景别	运镜方式	拍摄角度	时长	人物	道具	场景描述	旁白	音乐/音效
6	远	拉镜头	俯视	10秒	小李	电动汽车	小李的电动汽车驶入北京的地标建筑背景中	"经过几天的旅行，他终于成功到达了北京。"	欢快的背景音乐、汽车行驶的声音
7	中	静止镜头	正面	8秒	小李	无	小李满脸笑容，看着远方的风景	"这次旅行，他不仅享受了驾驶的乐趣，还深深感受到了电动汽车的便利和环保意义。"	温暖的背景音乐

知识储备三　镜头切换与场景转换

在汽车短视频中，镜头切换和场景转换的运用尤为重要。通过精心设计的镜头切换和场景转换，可以展示汽车的外观、内饰、性能等各个方面，同时构建出引人入胜的故事情节，吸引观众的注意力并提升视频的观看体验。

一、镜头切换技巧

镜头切换是指在视频制作中，从一个镜头（即摄像机拍摄的画面）过渡到另一个镜头的过程。在视频剪辑中，镜头的切换技巧是一种非常重要的艺术手法，它不仅能让画面更具动感，还能通过不同的切换方式创造出各种视觉效果。

1. 直接切换

直接切换通常用于展示场景的突然变化或者需要产生震撼效果的场景。前后两个镜头直接切换，可以迅速将观众的注意力从一种场景转移到另一种场景，产生强烈的视觉冲击力。

2. 渐变切换

渐变切换是一种更为平滑的切换方式,它通过前一个镜头慢慢淡出,后一个镜头慢慢淡入的方式,使画面过渡更加自然。这种切换方式尤其适合连接两个色调或场景不同的镜头,使得画面转换更为流畅。

3. 翻转切换

翻转切换是一种富有创意的切换方式,它将当前镜头像页码一样翻转至后一个镜头,产生了一种页码翻动的动画效果。这种切换方式常常用于展示物体的内部结构或者需要突出强调某个元素的场景。

4. 滑动切换

滑动切换是一种非常流畅的切换方式,它将后一个镜头像幻灯片一样滑动进入,前一个镜头滑出。这种方式适用于连接相关或色调接近的镜头,使得画面在视觉上更为连贯。

二、场景转换策略

场景转换通常指的是从视频中的一个故事情节或场景转变到另一个故事情节或场景的过程。这可以涉及多个镜头的切换,也可能涉及一个镜头的变化。场景转换有助于构建故事的叙述结构,帮助观众理解故事的发展和情节的转换。通过精心设计的场景转换,可以增强视频的连贯性和吸引力。

1. 视觉匹配法

在两个场景切换时,确保画面中存在相似元素或动作,如人物手势、物体运动轨迹的连续性,可以创造无缝衔接的错觉,提升观看体验。

2. 特效转场

运用 AR 滤镜、动画效果或后期特效作为转场,为视频增添创意和趣味性。这类转场尤其受年轻观众喜爱,有助于在众多视频中脱颖而出。

3. 声音引导

通过音乐、音效或旁白的适时切入引导场景转换,形成听觉与视觉的双重过渡，增强观众的沉浸感和记忆度。

4. 实地勘察与光线运用

提前考察拍摄地点，利用光线变化进行场景转换，如从日落至夜景的自然过渡，使场景转换既自然又富有诗意。

汽车短视频的镜头切换与场景转换需要综合运用多种技巧和策略。通过合理的镜头切换和场景转换策略，可以制作出更具吸引力和观赏价值的汽车短视频。同时，需要注意保持画面的稳定性和流畅性，避免视觉疲劳和不适感。

尽管镜头切换和场景转换有所不同，但它们在视频制作中通常是相互交织的。场景转换通常需要多个镜头切换来实现，而镜头切换则可能在同一场景中进行，用于突出特定的细节或强调某种情绪。

技能训练 根据提供汽车短视频编写脚本

汽车短视频脚本
制作学生工作页

1. 准备工作（表3-15）

表3-15 根据提供汽车短视频编写脚本技能训练准备工作

场地准备	设备准备	工具准备	课堂布置
对应数量的桌椅	手机	大白纸、笔	分组练习

2. 分组讨论

1）用手机打开以下链接：https://www.bilibili.com/video/BV172421c738/?spm_id_from=333.337.search-card.all.click。

2）观看视频。

3）讨论此视频脚本的编写。

3. 展示评比

各小组推选一名同学进行展示，老师进行总结并点评。

4. 评价表（表 3-16）

表 3-16　根据提供汽车短视频编写脚本技能训练评价表

评价项目	脚本内容完整（10分）	镜头切换和场景转换（20分）	分镜头脚本（50分）	小组成员分工协作（10分）	综合表现（10分）	总分（100分）
评价标准	1. 脚本内容是否准确表达视频的创意 2. 镜头切换和场景转换是否合理流畅 3. 分镜头脚本能否体现"十要素" 4. 小组内成员是否分工合理，按时完成任务				礼仪规范 语言组织	自评得分 （　　）
第　　组						
点评记录	优点					
	缺点					

5. 自我总结

学习任务四　汽车短视频封面及文案制作

汽车短视频封
面及文案制作

情境描述

　　经过精雕细琢，王同学完成了汽车短视频的脚本制作。坐在电脑前他仍苦思冥想，考虑着如何让这个短视频在百花齐放的汽车网络营销市场中脱颖而出。结合大数据以及自身观看短视频的经历，他认为吸睛短视频封面及文案是取胜的关键。经过一番精心设计后，他满意地笑了，他知道自己的努力将为这段短视频带来更多的关注和喜爱。

情境分析

　　"工欲善其事，必先利其器"，优质的封面与文案正是打造一个成功汽车短视频的"利器"。用户在观看短视频之前，第一时间接触到的是短视频的封面、标题及文案当中的一项。因此，你所制作的汽车短视频能否吸引到播放流量，很大程度上取决于你所设计的封面及文案制作。一个好的短视频标题可以抓住观众的眼球，文案与封面的合理设计，也可以引起观众的好奇心及参与度，从而吸引更多的粉丝关注本汽车产品的相关短视频，提升品牌的知名度。想要在短时间内成功吸引到用户的关注，我们就要围绕"精简"二字进行开展设计，从而创造出更具有传播效果的汽车短视频。

学习目标

知识目标

- 能描述汽车短视频封面的设计方法。
- 能描述汽车短视频标题设计原则与写作技巧。
- 能描述汽车短视频关键词和话题标签的作用。

技能目标

- 会为汽车短视频设计封面。

- 会为汽车短视频设计标题。
- 会设计汽车短视频的关键词与话题标签。

素养目标

- 具有创新型思维，以及勤于思考、善于发现、勇于创新的精神。
- 具有负责的工作态度、一丝不苟的工匠精神和求真务实的科学精神。
- 具有良好的审美观和价值观。

用户在决定是否观看一个短视频时，首先会注意到的就是短视频的封面。短视频封面可以直观体现短视频的内容，好的短视频封面具有明显的引流效果。因此，结合汽车产品的特点，设计一个能让人眼前一亮的封面，可以吸引更多用户观看短视频，也更容易获得平台的推荐。

知识储备一　汽车短视频封面设计

好的视频封面能快速让粉丝找到自己想看到的内容，直接关乎你所制作的汽车短视频的点击率，从而提升你的账号与汽车产品的知名度。那么我们应如何为汽车短视频选择最佳的封面图片呢？以下进行详细介绍。

一、选择汽车短视频封面

用户在查看短视频的封面与文案后第一时间能够简易地提炼出本视频的介绍要点，或者通过视频封面照片引发用户的观看兴趣。在这里，如何选择一个好的封面起到一个关键性作用。

1. 根据内容关联性选择封面

在选择汽车短视频的封面时，要根据短视频的主要内容合理地选择能够代表视频主题的文字和画面，一定要考虑封面图片与短视频内容的关联性，与短视频关联性强的封面，能够提升用户浏览视频后的体验感，从而继续浏览本账号的其他视频或关注视频内容相关的产品。相反，如果短视频封面与内容关联性太弱，那么就会让用户感觉文不对题，由此会造成用户的不满与厌恶，甚至会对汽车产品的推销产生长远的负面影响。

图 3-1 所示为"哪吒 GT 汽车零百加速性能测评"短视频封面，这个封面直接呈现了本视频所要测评的汽车品牌、汽车性能测试内容，而且还在封面中显示了哪吒 GT 在跑道中飞驰的画面。结合文字标题，观众在看到封面后就能判断出这个汽车短视频是要测试哪吒 GT 的加速性能。

图 3-1　根据内容关联性选择的汽车短视频封面示例

2. 根据账号风格选择封面

立足于长远发展的角度，如果要经营好一个汽车短视频账号，则可以考虑从封面的选择上形成自身独特的风格特色。此类博主不仅深受老粉丝的欢迎，也容易凭借自身的封面风格吸引更多的新粉丝关注。因此，在选择汽车短视频封面时可以延续自身的风格特色，也就是根据自己以往的风格特色来选择短视频的封面图片。

图 3-2 所示为抖音汽车达人榜中位列前茅的、拥有千万粉丝的小米创办人雷军的个人抖音号,可以看到他发布的短视频封面基本是个人形象结合标题文案,风格样式基本一致,让观众一目了然,有助于提升本账号的说服力和形成个性化的人设。

图 3-2　风格统一的汽车短视频封面示例

3. 根据平台规则选择封面

不同的短视频平台都有自己的短视频发布规则,均是基于网络文明与网络信息安全为前提进行设立的,在发布短视频之前均需要用户阅读并同意相关协议方可进行下一步操作。因此,在设计短视频封面时,要充分理解并遵守各个短视频平台的规则。

二、确定汽车短视频封面形式

在确定了汽车短视频的内容后,我们需要根据内容确定一个具有吸引力的封面。封面是观众了解短视频内容的第一个画面,具有举足轻重的地位,一个短视频封面的好坏直接决定其是否具有上热门的潜质。不同风格的封面展现形式也是不同的，现在比较热门且受用户喜爱的短视频封面形式主要有以下六种。

1. "悬念"封面形式

"悬念"封面形式主要是从汽车短视频封面上设置一些充满悬念的场景、画面、人物以及文字描述等方式，让观众下意识产生迫不及待想点进去一探究竟的心理。但此类视频封面应当做到有始有终，需要在视频内容中为观众提供答案，解决心中的悬念，不能哗众取宠，否则会造成负面效果，得不偿失。因此，在采用"悬念"式封面时，应当结合视频中的实际内容，可以截取视频中的某一帧画面，与宣传内容具有相同的定位，而不是与内容完全不相关。观众在观看完汽车短视频内容后，你所设置的"悬念"能为观众带来出人意料的结果或者剧情反转效果，那就更加锦上添花。此类封面形式的示例如图 3-3 所示。

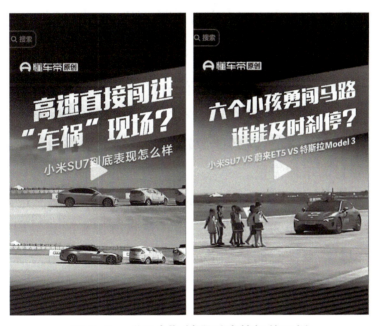

图 3-3　"悬念"封面形式的相关示例

2. "效果"封面形式

"效果"封面形式是指对汽车短视频的封面进行精心设计、加工美化等，塑造成令人眼前一亮的短视频封面，达到为观众带来赏心悦目的效果。结合到汽车短视频中，此类封面经常用于新车展示、汽车性能测试等场景，如图 3-4 所示。

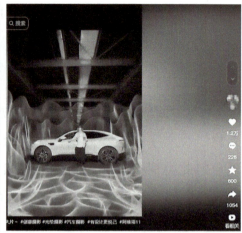

图 3-4　"效果"封面形式的相关示例

在采用"效果"封面形式时，可以增强观众打开视频的欲望。但是需要注意的是，要结合短视频内容的主题进行设计，可以选择最美、最酷、最炫的画面，同时搭配合适的文案内容来突出主题，不可夸大其词。

3."借势"封面形式

"借势"封面形式采用的是一种"借力打力"的方法，可以通过借助近期的热搜事件、热点新闻与话题、名人名言等元素，将其作为封面中的主打元素，比如近期热门的小米 SU7 新能源轿车，将热点事物展示在封面上，为我们的汽车短视频封面增加流量。

设计者在采用"借势"封面形式时，可以借助热搜榜、达人排行榜、热点话题等实时最新数据作为参考依据，这些热点所带来的流量均非常可观，如图 3-5 所示。但是需要注意的是，借助热点的同时需要提升短视频内容的含金量，这样才能赢得更多粉丝的关注与支持。

4."猎奇"封面形式

"猎奇"封面形式是通过新奇的封面让观众产生好奇心理，勾起他们探索新鲜事物的欲望，从而增加视频的播放流量。图 3-6 所示短视频封面中，将新奇的概念车、问界 M9 汽车结合标题"成精""自动开出积水地库"等关键字眼作为封面，从而引起人们的好奇心，想对这种有趣的事情一探究竟，从而起到夺人眼球的效果。

图 3-5 "借势"封面形式的相关示例

图 3-6 "猎奇"封面形式的相关示例

但是需要注意的是，当我们采用猎奇封面时，可以采用设置悬念的方式吸引用户，猎奇封面起到了噱头的作用，但是用户观看视频的体验不能差，要做到文题互相呼应，有始有终，让短视频具有一定的知识性和价值性，从而赢得更多的点赞、关注和分享。

5. "故事" 封面形式

"故事" 封面形式主要是通过故事性的背景图和文案内容，来向观众传递极强的情感力量，从而感染观众内心，调动观众的情绪，达到共鸣的目的。结合到汽车短视频，我们可以参考小米创始人雷军的短视频账号中的一则短视频，如图 3-7 所示，该封面将热点与故事有机融合到一起，借助雷军本人讲解小米 SU7 背后的故事这一话题，成功引起了用户的关注。

图 3-7 "故事" 封面形式的相关示例

6. "瞬间" 封面形式

"瞬间" 封面形式是指在短视频中选取最为精彩、令人过目不忘的一瞬间画面作为封面图，让观众被封面所吸引从而进入观看本视频。结合汽车短视频创作实际，该类封面常用于汽车性能展示、新车发布、汽车零配件展示等场景。图 3-8 所示为展示布加迪汽车高光时刻的汽车短视频，该视频选取了布加迪汽车与战斗机同框的精彩场面作为封面，起到了引人注目、震撼人心的作用。

图 3-8　"瞬间"封面形式的相关示例

三、设计汽车短视频封面相关注意事项

你所制作的视频封面要满足平台对于"优质封面"的判断，想尽可能让更多用户点击观看视频，那么以下注意事项也是要特别关注的。

1. 封面要清晰、整洁

封面与标题都是信息的载体，封面一定要清晰、整洁。封面图片若无法保证清晰度，或者传递的内容过于冗杂，那么便无法传递信息，也就失去了存在的价值。

2. 封面中要有人或者物

对于观众来说，封面中的人或物是重要的第一印象，引起注意后才会进一步查看短视频的标题文案等。例如，在车展宣传中，经常可以看到豪华的汽车与靓丽的汽车模特同框。纯标题封面难以第一时间抓住观众的视觉，无法起到引流效果。在这里也要避免陷入"封面中所包含的人和物越多、信息量就越大"的误区，这会适得其反造成观众产生厌恶感，不作停留。

3. 构图布局要居中或者对称

封面构图建议居中或者对称。不难理解，将汽车画面主体置于中心或者对称不仅美观，还能够更大程度地突出汽车的其他相关信息，在个性化推荐时也更易抓住用户注意力。

4. 色彩及画面冲击视觉

短视频的播放关键在于抓住观众的视觉，颜色更深、更亮的图片更容易吸引用户注意，但具体选择什么样的色调也要参考你所宣传的汽车产品的形象。主色调方面尽量避免选用灰暗色调，宜采用光鲜靓丽的色彩更加引人注目。

关于视觉冲击性，则是利用用户好奇心。比如汽车宣传资讯类短视频，可以选取具体场景图片，来提高用户的现场感以及代入感。

5. 持续强化品牌标签形象

结合汽车产品的特点设计个性化标签并融入封面图，让封面具有标志性，可以通过直接利用品牌形象或者添加品牌元素来达成。注意力是记忆力的基础，形成固定形式，帮用户养成习惯。可以给自己的视频设计一套专属的模板风格，加上 logo（标志）、slogan（口号）或标签，给观众留下深刻的印象。

制作封面的时候，可以有意识地强化 IP、品牌形象，主动地给自己"贴标签"，如博主的形象、品牌元素等，以吸引观众的注意力。

知识储备二　汽车短视频标题与文案设计

在汽车短视频的制作与发布过程中，一个精心设计的标题往往能起到事半功倍的效果。一个好的标题不仅能够迅速吸引观众的注意力，还能准确传达视频内容，提升视频的点击率和观看率。以下详细介绍汽车短视频标题设计原则与技巧。

1. 突出车型特点

汽车短视频标题的首要任务是展示所介绍车型的独特性和吸引力。在标题中明确提及车型名称，并突出其最显著的特点，如性能、设计、内饰等。例如"全球顶级超跑阿波罗 EVO 来袭，颜值与速度并存，全球限量 10 台！"这样的标题，突出了车型的超跑身份和极致性能，如图 3-9 所示。

图 3-9　突出车型特点标题设计

2. 引用热门话题

结合当前汽车行业或相关领域的热门话题来设计标题，可以增加视频的时效性和关注度。可以引用热门事件、新闻、趋势等，与车型特点相结合，创作出具有话题性的标题。例如"试驾极氪 009——纯电 MPV 领导者"这样的标题结合了智能驾驶的热门话题和车型特点，如图 3-10 所示。

图 3-10　引用热门话题的标题设计

3. 使用数字与统计

在标题中运用数字和统计数据，可以更加直观地展示车型的性能和优势。数字具有直观性和说服力，能够迅速吸引观众的注意力。例如"零百加速仅需×秒——××汽车诠释速度与激情"这样的标题，用具体的数字展现了车型的强劲动力。

4. 制造悬念与疑问

利用悬念和疑问来激发观众的好奇心，是标题写作中常用的技巧之一。通过提出一个引人思考的问题或设置一个悬念，让观众产生想要了解更多的欲望。例如"世界上最长的车你见过吗"这样的标题充满了疑问和悬念，吸引观众点击查看视频，如图 3-11 所示。

图 3-11　制造悬念与疑问的标题设计

5. 简洁明了

标题应尽可能简洁明了，避免冗长和复杂的句式。简洁的标题更容易被观众理解和记忆，也更容易在社交媒体等平台上传播。例如"××汽车炫酷登场，不容错过！"这样的标题简洁明了，直击主题。

6. 融入情感色彩

在标题中融入情感色彩，可以增加观众的情感共鸣和代入感，可以通过使用积极的词汇、描绘美好的场景或引发观众的情感反应来实现。例如"试驾理想 L9，我房子开在路上"这样的标题，融入了积极的情感色彩，引发观众对未来出行的美好期待，如图 3-12 所示。

图 3-12 融入情感色彩的标题设计

7. 呼吁行动

标题可以带有一定的呼吁性，鼓励观众观看、点赞、分享或者参与相关活动。例如"快来看看这款炫酷的汽车吧！点赞分享赢好礼！"这样的标题，能够增加观众的参与度和互动性。

8. 避免夸大与误导

在标题写作中，应避免夸大其词和误导观众。标题应真实反映视频内容，避免使用过于夸张或虚假的言辞。诚实和准确的标题能够建立观众的信任度，提高视频的口碑和影响力。

只有将这些原则技巧融入标题设计中，通过掌握这些技巧并灵活运用它们，才能创作出更具吸引力和影响力的汽车短视频标题。

知识储备三 关键词与话题标签设计

随着短视频的兴起，越来越多的人开始在不同平台上发布自己的短视频。如何在平台打造属于自己的短视频品牌，创作出属于自己的短视频风格，其中关键词与话题标签设计显得尤为重要。

一、汽车短视频关键词的作用

短视频的关键词指的是用户在短视频平台中搜索相关短视频时使用的关键词，这些关键词可以是任何与视频内容相关的词汇。使用关键词可以帮助用户快速地找到自己感兴趣的视频；而对于汽车短视频创作者来说，合理使用关键词也能够起到很好的推广作用。

1. 提升曝光率和搜索可见性

汽车用户在平台进行搜索时，平台系统会根据用户的搜索关键词，自动匹配到相关的汽车视频。在同等情况下，运营者所制作的汽车短视频中包含的关键词与用户搜索的关键词相同的话，那么你的视频就有更大的机会被推荐给用户，进而提高曝光率。

据统计，抖音搜索日均达到 8 亿次请求，关键词的精准使用能够确保视频在众多内容中脱颖而出。因此，在抖音等短视频平台上，添加关键词可以帮助视频更容易地被搜索引擎和用户发现。

2. 精准定位目标受众

关键词的设计与视频内容密切相关，能够吸引对特定车型、功能或汽车文化感兴趣的用户群体。例如，当用户搜索"SUV 性能评测"时，包含这些关键词的视频会更容易出现在搜索结果中，从而精准地满足用户需求。

3. 提升内容的专业性和可信度

合理设计关键词可以让你的视频看起来更专业，可以大大增强观众的好感。如果你是一位汽车类博主，你在视频标题及描述中附加"汽车测评、用车技巧、保养技巧"等与汽车相关的关键词，那么用户就会感觉到你是一个专业的汽车博主，增加对你的信任和认可。需要注意的是，在设计关键词时，要依据你的视频风格，合理定位，把握好展示方向，为自己所制作的短视频树立专业的汽车品牌形象。

4. 引导用户行为和促进转化

合适的关键词不仅能够吸引观众点击观看视频，还能引导观众进行点赞、评论、分享等互动行为。对于汽车企业而言，这些互动行为能够提升视频权重，进而增加潜在客户的转化率。

5. 增强内容的传播力

关键词的选择与社交媒体的热门话题相结合，能够增强视频的传播力，使内容更容易在社交媒体上被分享和传播。例如，利用节日、活动或行业热点事件设计关键词，能够提高视频的曝光度和参与度。

6. 数据分析和优化

关键词的使用还为后续的数据分析和内容优化提供了依据。通过对关键词的点击率、搜索量等数据的分析，可以了解用户对内容的喜好程度，从而优化内容策略和方向。

二、如何设计汽车短视频的关键词

在设计汽车短视频的关键词时，需要综合考虑视频的内容、目标受众以及搜索引擎的优化规则。关键词的精准选择不仅可以提高视频的搜索可见性，还能更好地满足观众的搜索需求。

1. 汽车型号品牌

首先，针对具体的汽车型号和品牌进行关键词设计是至关重要的。这包括车型名称、品牌名称以及相关的缩写或别称。例如，对于一款名为"××品牌××型号"的汽车，关键词可以包括"××品牌××型号汽车""××型号评测""××品牌新车"等。

2. 性能测试解析

性能测试是汽车短视频中常见的内容之一。在设计关键词时，可以围绕性能参数、测试方法、测试结果等方面进行设计，例如"××型号加速测试""××车型操控性能解析""××品牌动力性能对比"等。

3. 外观内饰展示

外观和内饰是汽车吸引观众的重要因素之一。在设计关键词时，可以突出汽车的设计特点、颜色、材质等方面，例如"××车型炫酷外观展示""××品牌内饰豪华体验""××车型细节解析"等。

4. 驾驶体验分享

驾驶体验是观众了解汽车性能的重要途径。在设计关键词时，可以围绕驾驶感受、驾驶场景、驾驶技巧等方面进行设计，例如"××车型驾驶体验分享""城市驾驶××车型感受""××车型山路驾驶技巧"等。

5. 新技术新功能

随着科技的不断发展，汽车也在不断融入新技术和新功能。在设计关键词时，可以突出汽车的新技术、新功能以及它们带来的便利性和优势，例如"××车型自动驾驶技术体验""××品牌智能互联功能介绍""××车型电动驱动技术解析"等。

6. 维修保养指南

维修保养是汽车使用过程中不可或缺的一环。在设计关键词时，可以围绕保养周期、保养方法、常见故障及维修等方面进行设计，例如"××车型保养周期指南""××品牌常见故障维修方法""××车型保养注意事项"等。

7. 车主故事访谈

车主故事访谈可以增加汽车短视频的人文色彩和情感共鸣。在设计关键词时，可以突出车主的身份、经历、与汽车的故事等方面，例如"××车型车主专访：驾驶心得分享""创业者与××品牌的共同成长""一位父亲的驾驶之旅"等。

8. 行业资讯动态

行业资讯动态是汽车短视频中重要的内容之一。在设计关键词时，可以关注汽车行业的最新动态、政策法规、市场趋势等方面，例如"××年汽车行业展望""新能源汽车政策解读""××车展最新报道"等。

在设计关键词时，要注意语言表达的准确性与精准性，这样可以提高用户的点击率和观看的停留时长，增加视频流量。关键词的个数不宜过多，一般以 2~3 个为宜，否则将过犹不及。同时，根据汽车短视频宣传内容的不同，也要合理设计关键词长度。

三、汽车短视频标签的分类

标签是指短视频平台给运营者的账号进行分类的指标依据，可挂载在视频的相关内容入口。平台会根据运营者发布的内容，给其账号打上对应的标签，然后将运营者的内容推荐给这类标签作品感兴趣的人群。账号如果不打上标签，就算你发布再多的视频，也无法增加短视频的播放量，久而久之将失去平台上的用户流量，难以持续运营自己的账号。只有为自己的账号及短视频打上更精准的标签，才能在这种个性化的流量机制下，提升运营者账号的流量。与汽车相关的标签包括汽车随拍、用车技巧、二手车展示、用车保养、汽车测评、买车技巧等。

标签按照分类可以分为兴趣标签、内容标签和创作者标签。

1. 兴趣标签

兴趣标签也叫喜好标签，系统根据用户的兴趣标签，分析出用户喜欢看什么内容的视频，并根据用户的日常浏览习惯推荐该类型的视频。需要注意的是，用户标签只是让大数据知道用户喜欢什么，从而继续为用户推荐相似内容，而不是定义运营者的兴趣标签。

2. 内容标签

内容标签是指运营者发布作品后，根据用户的观看、停留时长、点赞、评论、收藏等互动后，系统为你的作品打上的标签。系统给运营者的作品打上了内容标签后，会根据内容标签来匹配用户的兴趣标签，为更多此类兴趣爱好的用户推荐你的作品。

3. 创作者标签

创作者标签是指平台对创作者账号内容的理解和分类，给出的总结性关键词。比如汽车短视频账号的标签关键词就是反映了创作者账号的主要内容领域为汽车，它与账号绑定，系统能根据标签将创作者的汽车短视频作品推荐给对汽车具有相同喜好的用户。汽车短视频创作者标签的形成通常是创作者发布一定数量的汽车短视频作品后，系统根据这些作品的特征自动生成的。随着创作者发布更多的汽车短视频作品，其标签也会逐渐明晰，并且可以通过分析互动数据来确定是否需要调整标签策略。

四、汽车短视频标签的设计技巧

在汽车短视频的制作与发布过程中，标签（Tags）的正确使用是提升视频曝光度、吸引目标观众以及增加互动性的重要手段。以下分别从明确车型类别、品牌与型号、功能特点、目标受众、使用场景、热门话题、专业评价以及互动元素共 8 个方面，介绍汽车短视频标签的设计技巧。

1. 明确车型类别

首先，为汽车短视频添加与车型类别相关的标签，如"SUV""轿车""跑车"等。这有助于观众根据自己的喜好和需求快速找到相关内容，同时也有助于视频在相关类别的搜索结果中获得更高的排名。

2. 品牌与型号

添加汽车品牌与型号标签是必不可少的，如"宝马 X5""特斯拉 Model 3"等标签。这不仅可以增加视频的专业性和可信度，还能让对该品牌或型号汽车感兴趣的观众更容易找到视频。

3. 功能特点

针对汽车的功能特点设计标签，如"智能驾驶""电动驱动""四驱系统"等。这些标签能够突出汽车的技术优势和独特性，吸引对特定功能感兴趣的观众。

4. 目标受众

根据视频内容定位目标受众，并设计相应的标签。例如，如果视频内容主要面向年轻人，可以添加"年轻人首选""潮流座驾"等标签；如果面向家庭用户，则可以添加"家庭出行""家庭用车"等标签。

5. 使用场景

描述汽车使用场景的标签也非常重要。例如，"城市驾驶""越野挑战""长途旅行"等标签，可以让观众更直观地了解汽车在不同场景下的表现。

6. 热门话题

结合当前汽车行业或相关领域的热门话题设计标签，可以增加视频的时效性和关注度。例如，针对新能源汽车政策、自动驾驶技术等热门话题，可以添加"新能源汽车政策解读""自动驾驶技术体验"等标签。

7. 专业评价

如果视频中包含对汽车的专业评价或测试，可以添加"专业评测""性能对比"等标签。这些标签能够吸引对汽车性能、品质有较高要求的观众。

8. 互动元素

设计一些鼓励观众互动的标签，如"留言分享你的看法""点赞支持"等。这些标签能够激发观众的参与热情，增加视频的互动性和社交性。

在设计汽车短视频标签时，需要注意以下几点：

1）标签的选择要与视频内容紧密相关，避免无关标签的堆砌。

2）标签的数量要适中，过多或过少的标签都可能影响视频的曝光度。

3）定期更新标签库，及时添加新的热门话题和关键词，以保持视频的时效性和吸引力。

通过合理设计汽车短视频的标签，可以有效提升视频的曝光度和吸引力，增加观众的参与度和黏性。

技能训练　汽车短视频封面及文案制作

汽车短视频封面及文案制作学生工作页

1. 准备工作（表 3-17）

表 3-17　汽车短视频封面及文案制作技能训练准备工作

场地准备	设备准备	工具准备	课堂布置
对应数量的桌椅	无	电脑	分组练习

2. 分组讨论

1）为某品牌纯电汽车新车发布宣传短视频设计封面并确定标题。

2）为二手车展示短视频设计封面并确定标题。

3）为汽车使用技巧短视频设计封面并确定标题。

4）为汽车改装短视频设计封面并确定标题。

3. 展示评比

各小组推选一名同学进行展示，老师进行总结并点评。

4. 评价表（表3-18）

表3-18　汽车短视频封面及文案制作技能训练评价表

评价项目	新车发布（20分）	二手车展示（20分）	汽车使用技巧（20分）	汽车改装（20分）	综合表现（20分）	总分（100分）
评价标准	符合该汽车短视频宣传内容与主题				礼仪规范 语言组织	自评得分（　　）
第　组						
点评记录	优点					
	缺点					

5. 自我总结

汽车短视频拍摄与制作

学习任务一　汽车短视频拍摄设备选取

汽车短视频拍
摄设备选取

情境描述

　　经过日夜的策划和准备，汽车短视频的脚本、封面和标签等都已完美就绪。王同学站在摄影棚的入口，心中充满了期待和紧张，他知道，接下来就要进入关键的拍摄阶段了。在思考拍摄设备时，王同学深知这次的短视频不仅仅是一次推广，更是展现汽车品质与特色的重要机会。因此，他开始对比多种拍摄设备，从设备的性能、价格、易用性等多个方面入手，力求找到最适合团队需求的设备。他明白，选择合适的设备，不仅能提升拍摄效率，更能保证视频质量，为新媒体内容的制作奠定坚实基础。

情境分析

　　当拍摄一段汽车短视频时，选择正确的设备至关重要。首先，摄像设备是核心设备，例如手机、摄像机等，要想拍摄出质量较高的短视频，就要选择高清分辨率的摄像机，因为高清摄像机能够捕捉汽车细节，无论是外观的流线型设计还是内饰的精致工艺，都能以细腻的画面展现出来。同时，高清摄像机在色彩还原和动态表现方面更为出色，能够真实还原汽车在不同场景下的真实状态。其次，音效设备也是不可忽视的一部分，汽车短视频中的声音元素同样重要，如汽车起动的轰鸣声、加速时的发动机声等，这些声音能够增强视频的感染力和真实感。因此，选择一款录音效果优秀的音效设备，能够捕捉到这些声音细节，使观众在观看视频时能够身临其境地感受到汽车的魅力。除此之外，还有灯光设备、拍摄辅助设备（如支架、滑轨等）都是不可忽视的环节。

只有将多种设备组合起来使用才可以确保捕捉到汽车的最佳画面和声音，为观众带来一段精彩纷呈的汽车短视频。

✅ **学习目标**

知识目标

- 能描述手机、摄像机等摄像设备的优缺点。
- 能描述麦克风、声卡等录音设备的种类和优缺点。
- 能描述各种灯光设备的使用场景。

技能目标

- 会根据脚本使用摄像设备的各种功能拍摄短视频。
- 会为拍摄汽车短视频进行录音和灯光的调试。

素养目标

- 具有思维建构能力。
- 具有合理利用与支配各类资源的能力。
- 具有实践创新能力。
- 具有团队协作能力。
- 具有社会服务能力。

摄像设备是拍摄汽车短视频的核心设备，不仅要求能捕捉到汽车外观的细腻纹理和动态时的流畅画面，还要保证在不同光线条件下保持色彩的真实性和画面的清晰度，让汽车在各种场景中都能呈现出最佳效果。

知识储备一　摄像设备选择

一、手机

手机如今已成为拍摄视频的得力助手，其拍摄功能简便，操作智能化，且体积小巧，无论是室内还是室外拍摄都能应对自如。

1. 手机作为摄像设备的优点

1）便携性：手机小巧轻便，方便携带，可以随时随地进行拍摄。

2）易用性：手机操作界面直观易懂，无需复杂设置，对于初学者来说易于上手。

3）内置功能丰富：现代手机通常配备了高清摄像头、麦克风、防抖等功能，能够满足基本的直播需求。

2. 手机作为摄像设备的缺点

1）画质和性能限制：虽然手机摄像头在不断发展，但与专业摄像设备相比，其画质和性能仍有一定差距，可能无法满足一些对画质要求较高的拍摄场景。

2）电池续航：长时间拍摄会消耗大量电量，需要准备充电宝或选择电池容量较大的手机。

3）发热问题：长时间拍摄可能导致手机发热，影响直播效果和稳定性。

3. 手机作为摄像设备的购买选择

1）摄像头性能：关注摄像头的像素、光学防抖、夜景拍摄等功能，以确保在不同场景下都能获得清晰的画面。

2）屏幕素质：选择具有高分辨率和色彩表现力的手机屏幕，能够提升直播画面的观感。

3）性能配置：考虑手机的处理器、内存等性能配置，以确保在拍摄过程中能够流畅运行各种应用。

4）电池续航：选择电池容量较大或支持快充技术的手机，以满足长时间拍摄的需求。

二、摄像机

摄像机（图4-1）作为专业的拍摄设备，广泛应用于各种场景，它能提供高质量的音视频录制，满足不同的拍摄需求；但同时也存在一些缺点。

图4-1　摄像机

1. 摄像机作为摄像设备的优点

1）高清晰度：摄像机通常具有高分辨率和高帧率，能够提供比手机更为清晰、细腻的画面质量。

2）多功能性：摄像机通常配备多种功能，如自动对焦、光圈调节、白平衡等，可以满足不同的拍摄需求，提供更为专业的拍摄效果。

3）稳定性：相比于手机，摄像机通常更为稳定，拍摄的画面抖动更少，尤其在移动拍摄或户外环境中表现更为出色。

4）远程传输与控制：一些高端摄像机支持远程控制和实时传输功能，用户可以通过手机或电脑进行监控和操作，为直播带来更多便利。

2. 摄像机作为摄像设备的缺点

1）价格较高：相对于手机，摄像机的价格普遍较高，对于一些预算有限的用户来说可能是一个制约因素。

2）操作复杂性：一些专业摄像机的操作可能较为复杂，需要一定的学习和实践才能熟练掌握。

3. 摄像机作为摄像设备的购买选择

1）明确需求：首先要明确自己的直播需求，包括直播的场景、预算、对画质的要求等，以便选择适合的摄像机型号和配置。

2）品牌与型号选择：市场上有很多品牌和型号的摄像机可供选择，可以根据自己的需求和预算进行挑选。一些知名品牌（如索尼、佳能等）提供了丰富的产品线，可以根据具体需求进行选择。

3）参数核对：在购买摄像机时，需要核对所有详细参数，如分辨率、画幅、变焦倍数、防抖功能等，确保它们与你的具体需求相匹配。

4）售后服务：选择有良好售后服务的品牌和商家，以便在使用过程中遇到问题能够及时得到解决。

三、拍摄辅助设备

1. 支架和滑轨

拍摄汽车短视频时可能涉及一些动态场景，如汽车飞驰、急转弯等，我们需要选择一款稳定性能卓越的支架和滑轨。这些设备可以确保在拍摄动态场景时，画面依然保持清晰稳定，不会出现抖动和模糊的情况，从而提升观众的观看体验。

2. 无人机

无人机也是拍摄汽车短视频时的重要选择。无人机能够提供独特的视角，从空中俯瞰汽车，展示汽车在道路上飞驰的壮丽场景。无人机拍摄的画面不仅具有视觉冲击力，还能展现出汽车与周围环境的和谐统一，使视频内容更加丰富多样。

知识储备二　音效设备选择

除了视觉画面，声音也是传递汽车性能和氛围的重要因素。选择一款录音效果优秀的音效设备，能够增强汽车短视频的感染力和真实感。

一、麦克风

麦克风又称传声器、送话器。麦克风分为领夹式麦克风（图4-2）、动圈式麦克风（图4-3）、电容式麦克风（图4-4）等。

图 4-2 领夹式麦克风　　　图 4-3 动圈式麦克风　　　图 4-4 电容式麦克风

1）领夹式麦克风的特点是小巧轻盈，长时间戴在衣领不会导致衣领变形，非常美观。该设备支持高清音质，具有高灵敏度和环境降噪功效，收音更细腻、清晰，记录声音的每个细节。部分设备还支持 50 米远距离传输，为拍摄录音提供便利。

2）动圈式麦克风是利用电磁感应原理做成的麦克风，利用线圈在磁场中切割磁感线，将声音信号转变为电信号。动圈式麦克风功能稳定、音质好，适用于噪声较大的环境，如户外或嘈杂的室内环境拍摄时使用。拍摄时还可以加配防喷罩，不仅能够过滤杂音，还能避免湿气进入麦克风。

3）电容式麦克风采用超薄的振动膜，具有体积小、重量轻、灵敏度高及音质清晰等特点，适合室内拍摄或录音使用。

二、声卡

声卡（图 4-5）是音频处理的核心，能够提升音质，减少噪声，并支持多种音频输入和输出。外置声卡通常具有更丰富的功能和更高的音质。我们以常见的声卡为例讲解其优缺点。

1. 声卡的优点

1）音质提升：声卡的主要作用是优化音频质量，通过使用声卡，声音会变得更加清晰、饱满，有效减少杂音和失真，

图 4-5 声卡

从而增强观众的听觉体验。

2）音效丰富：声卡通常内置多种音效，如混响、电音、变音等，这些特效可以增加趣味性和互动性，让声音更加灵活多变。

3）便于调控：声卡具备音量调节、噪声抑制等功能，可以根据自己的需求实时调整声音参数，确保声音质量始终保持最佳状态。

2. 声卡的缺点

1）价格较高：相较于普通音频设备，声卡的价格通常较高，这可能会增加设备的总体成本。对于预算有限的用户来说，购买声卡可能会带来一定的经济压力。

2）操作复杂性：一些专业声卡的操作可能较为复杂，需要一定的学习和实践才能熟练掌握。这可能会增加难度，影响效率。

3）兼容性问题：不同品牌和型号的声卡可能存在兼容性问题，在选择声卡时需要注意其与其他设备的兼容性，以免出现无法正常使用的情况。

三、音效辅助设备

1）调音台：调音台用于调节音频信号，可以对多个音频源进行混音、平衡音量、添加效果等。

2）耳机：监听耳机用于实时监听录音效果，确保音频质量。

3）音频接口和线缆：这些设备用于连接麦克风、声卡和其他录音设备，确保音频信号能够顺畅传输。

此外，还有一些专业的录音设备，如录音棚设备套装，适用于对音质有极高要求的录音场景。这些套装通常包括高质量的麦克风、声卡、监听耳机以及相关的配件。

知识储备三 灯光设备选择

拍摄汽车短视频时，选择合适的灯光设备是确保视频质量和表现汽车特点的重要环节。好的灯光设备可以弥补摄像设备的不足。

1. RGB 补光灯

RGB 补光灯（图 4-6）是一种能够发出红、绿、蓝三种基本色光，并通过混合这些色光来产生各种颜色的灯具。

1）特点：色彩丰富多变，可以根据需要调整色彩和亮度，创造出各种独特的灯光效果。

图 4-6　RGB 补光灯

2）优势：能够根据拍摄需求快速改变场景色彩和氛围；动态光效可以增加视频的视觉效果；多角度补光功能使拍摄更灵活。

3）应用场景：适用于展现汽车外观、内饰、夜间效果等场景。

2. 平板灯

平板灯又称面板灯（图 4-7），是一种以 LED 作为光源的新型照明设备。其灯体形状呈扁平矩形或正方形，通常采用高透光率的导光板来实现均匀的光散发，外观时尚简洁。

1）特点：自带柔和光效功能并自带电池，适合室外拍摄。

2）优势：柔和的光线可以突出汽车表面的细节和质感；电池供电方便在室外或没有电源的地方拍摄；冷光、暖光、白光等多种光源可选，满足不同场景需求。

图 4-7　平板灯

3）应用场景：适合用于室外环境、汽车细节拍摄等。

3. 照明灯

照明灯是指可以照亮的用具，泛指所有能够提供光照的设备和器具。这些设备通过不同的技术手段，如使用电灯、蜡烛、油灯、发光二极管（LED）

等，将电能或其他形式的能量转换为光能，从而达到照亮工作和生活场所或个别物体的目的。

1）特点：提供均匀、明亮的背景色，突出汽车主体。

2）优势：确保汽车外观在视频中清晰可见，可以根据拍摄需求调整光线亮度和方向。

3）应用场景：适用于汽车外观展示、夜间拍摄等场景。

4. 运动灯

运动灯是一种利用运动或振动来产生电力的灯具，通过磁体和线圈的形式，在每次跨步或振动时产生电力，从而点亮灯具。

1）特点：自动运动、可变换颜色和形状。

2）优势：能够增加视频的动态感和炫酷效果，可展现汽车高速行驶或特殊效果。

3）应用场景：适用于汽车运动性能展示、汽车特效展示等。

在拍摄汽车短视频时，选择灯光设备需要根据拍摄场景、需求和预算来综合考虑。RGB 补光灯和平板灯因其多功能性和便携性而受到推荐，照明灯和运动灯则分别适用于不同的拍摄需求。此外，还应注意灯光设备的品牌、质量和性价比，以确保拍摄出高质量的汽车短视频。

技能训练　确定拍摄汽车短视频的设备

汽车短视频拍摄设备选取学生工作页

1. 准备工作（表 4-1）

表 4-1　确定拍摄汽车短视频的设备技能训练准备工作

场地准备	设备准备	工具准备	课堂布置
对应数量的桌椅	手机	大白纸、笔	分组练习

2. 分组讨论

根据拍摄脚本，利用手机查找确定拍摄汽车短视频的设备型号、价位和功能等。

　　1）确定拍摄设备。

　　2）确定音效设备。

　　3）确定灯光设备。

3. 展示评比

各小组推选一名同学进行展示，老师进行总结并点评。

4. 评价表（表4-2）

表4-2　确定拍摄汽车短视频的设备技能训练评价表

评价项目	拍摄设备选择（20分）	音效设备选择（20分）	灯光设备选择（20分）	性价比综合考虑（20分）	综合表现（20分）	总分（100分）
评价标准	符合该汽车产品短视频拍摄设备选择				礼仪规范 语言组织	自评得分（　　）
第　组						
点评记录	优点					
	缺点					

5. 自我总结

学习任务二　汽车短视频剪辑

汽车短视频剪辑

情境描述

　　王同学和他的团队按照脚本拍摄完成了一段精彩的汽车短视频，接下来的工作就是短视频的剪辑了，他心中充满了期待和兴奋。他打开视频剪辑软件，开始仔细研究每一个镜头，随着时间的推移，他逐渐将各个镜头拼接成一段完整的视频。他满意地点了点头，他知道，这段汽车短视频将会展现出汽车的魅力和性能，同时展现了他作为视频制作者的才华和努力。他迫不及待地将视频分享给朋友们，期待他们的赞赏和反馈。

情境分析

　　剪辑是整个短视频制作过程中至关重要的一环，它不仅能够将各个镜头巧妙地拼接在一起，修复拍摄时的瑕疵，让整个故事更加流畅、引人入胜，还能通过运用一些特效增强视频的视觉和听觉效果，使其更具观赏性和吸引力。对于汽车品牌宣传或产品推广来说，剪辑可以突出品牌特色和产品亮点，更好地实现营销目的。精心剪辑过的汽车短视频，可以吸引更多潜在客户并提升品牌形象。那么选择一款视频剪辑软件并利用它的功能为短视频设计特效，就显得尤为重要。

学习目标

知识目标

- 能描述专业级视频剪辑软件及优势。
- 能描述简单易用型视频剪辑软件及优势。
- 能描述短视频制作 App 剪辑软件及优势。
- 能描述特定需求剪辑软件及优势。

技能目标

- 会利用视频剪辑软件对原始汽车视频素材剪辑。
- 会利用视频剪辑软件为汽车短视频添加多种动画、音频和字幕等。
- 会利用视频剪辑软件为汽车短视频添加特效。
- 会利用视频剪辑软件进行 AI 与动画创作。

素养目标

- 具有审美和创新意识。
- 具有一丝不苟的工匠精神。
- 具有版权和法律意识。

市场上有许多不同的短视频剪辑软件，它们各自具有不同的特点和优势，在选择短视频剪辑软件时，应根据自己的需求和技能水平进行选择。专业级剪辑软件功能强大但学习成本较高，适合专业剪辑师和影视制作人员；简单易用型剪辑软件适合初学者和剪辑爱好者，可以快速上手；短视频制作 App 则更适合移动端用户，提供丰富的功能和素材库。同时，也可以考虑一些特定需求的剪辑软件，如爱剪辑和达芬奇等，以满足特定项目的需求。

知识储备一　短视频剪辑软件

一、专业级视频剪辑软件

1. Adobe Premiere Pro（Pr）

这是由 Adobe 公司开发的一款专业级别的视频编辑软件，具有强大的视频编辑和调色功能。它支持剪辑、修剪、添加转场效果、添加字幕、添加音频等多种编辑操作，特别适合制作高质量的视频。Pr 还具有强大的调色工具，可以对视频进行颜色校正，调整曝光、对比度、色彩饱和度等参数，使视频看起来更加专业。

这款视频剪辑软件的主要优势是支持各种视频格式和分辨率，并且有丰富的教程和社区支持，可满足专业剪辑师和影视制作人员的需求。

2. Final Cut Pro

这是苹果官方出品的一款视频剪辑软件，拥有直观的操作界面以及实用齐全的编辑功能。它可以协助用户搞定一系列视频剪辑难题，包括对视频进行剪辑、特效处理、音频调整等操作。编辑后的画质基本不会受到多大影响，仍能保持清晰质感。

这款视频剪辑软件的主要优势是功能强大且操作流畅，尤其适用于 Mac 用户，具有高度优化的渲染性能，可快速处理大量素材，并且支持多种第三方插件和扩展，非常适合专业视频编辑工作者使用。

二、简单易用型视频剪辑软件

1. 快剪辑

快剪辑是一款功能齐全、操作简捷的视频剪辑软件，适合自媒体创作者、视频博主以及需要快速处理视频的用户使用。它以其强大的功能和易用性在视频剪辑领域占有一席之地，特别适合新手和需要快速剪辑的用户。它于 2017 年 6 月 15 日正式上线，由 360 公司研发推出，支持中文界面，软件大小为 42.37MB。快剪辑软件具有以下优势：

1）易于上手：提供了直观的操作界面和简单的剪辑流程，使得即使是零基础的用户也能快速学会使用。

2）丰富的剪辑功能：支持精确到帧的视频修剪、画面分割、混剪、音频调节等多种剪辑操作；此外，还支持视频拆分、拼接、旋转、转场、倒放、定格、变焦、音频分离等多种高级剪辑操作。

3）高效的导出和分享：允许用户自定义视频分辨率和码率，保证视频质量和效率；同时，用户可以快速将编辑好的视频分享到主流社交平台。

4）AI 助力创作：集成了 AI 技术，提供如 AI 写真、AI 抠图、AI 擦除等功能，帮助用户更高效地完成视频创作。

5）多平台支持：不仅适用于 PC 端，还支持手机端使用，满足不同设备用户的需求。

2. 必剪

必剪作为一款视频剪辑工具，不仅功能丰富，而且操作简单，适合年轻人使用。通过必剪，用户可以轻松制作出高质量的视频内容，并快速分享到各大社交平台。必剪软件具有以下优势：

1）高清录屏：支持高清录屏功能，最高支持1080P录制，多档码率、帧率可调。

2）全能剪辑：全轨道展示，提供变速（0.1～8倍自由变速）、变声（男女声、卡通声、混响声可选）、变焦（专业运镜效果）以及倒放等功能。

3）海量音乐库：包括宝藏音乐库，轻松获得热门BGM，支持音乐库任选、音频提取、变声以及录音功能。

4）丰富素材：提供海量贴纸和花样文字模板，满足视频制作的各种需求。

5）专业画面效果：包括神仙转场和丰富多样的画面效果，如漫画、动感、梦幻、复古等，让视频制作更加专业。

6）一键投稿：支持账号互通，投稿快人一步，方便用户快速分享自己的作品到各大平台。

三、短视频制作 App

1. 剪映

剪映是抖音官方推出的一款深受用户欢迎的手机视频剪辑App。它提供一键专业剪辑、电影级滤镜、免费特效素材等功能，支持视频边播边录和社区推荐。剪映软件具有以下优势：

1）剪辑黑科技：支持色度抠图、曲线变速、视频防抖、图文成片等高阶功能。

2）简单好用：切割变速倒放，功能简单易学，留下每个精彩瞬间。

3）素材丰富：精致好看的贴纸和字体，给视频加点乐趣。

4）海量曲库：抖音独家曲库，让视频更"声"动。

5）高级好看：专业风格滤镜，一键轻松美颜，让生活一秒变大片，样式丰富、全民爱用。

6）免费教程：创作学院提供海量课程免费学，边学边剪易上手。

2. NodeVideo

NodeVideo 是一款功能专业且实用的手机视频编辑 App。它支持自由曲线编辑、Saber 特效、专业调色等高级功能。适用于追求专业效果的移动剪辑用户。NodeVideo 软件具有以下优势：

1）支持多种媒体文件导入：包括视频、图像等多媒体文件，可以通过添加不同类型的图层来增加视频的多样性和趣味性。

2）高度自定义视频风格设置：用户可以根据视频内容和受众特点，运用软件的高度自定义功能，打造出独具特色的视频风格。

3）多种转场效果：使得不同素材之间的过渡更加自然流畅，可以对音频进行细致的调整，确保音质清晰、音量适中，并可以添加背景音乐或音效，提升视频的观看体验。

4）灵活导出：用户可以选择导出的视频格式和质量。

5）支持绿幕技术：用户可以在软件中导入视频等基本素材后，通过新建节点并选择媒体文件—视频选项来打开绿幕添加界面。

6）补帧功能：在视频慢放时，通过帧混合技术使视频播放更加流畅。

四、特定需求剪辑软件

1. 爱剪辑

爱剪辑是一款根据中国人的使用习惯、功能需求与审美特点全新设计的视频剪辑软件，具有许多创新功能，颇具独创性。无论是专业视频制作还是日常生活中的小片段编辑，爱剪辑都能满足用户的需求。爱剪辑软件具有以下优势：

1）简单易用的设计：它旨在让没有视频剪辑基础的用户也能轻松上手，通过直观易懂的剪辑方式，减少复杂交互，提供稳定高效的运行设计以及出色的画质和艺术效果。

2）支持多种视频与音频格式：提供丰富的特效和滤镜效果，让用户能够一键轻松达成创作意图。

3）提供丰富的模板和功能：提供自带片头片尾模板、素材库，以及视频拼接、动态字幕、曲线变速等功能，使用户能够快速成为视频制作达人。

2. 达芬奇

达芬奇是一款功能强大的视频处理工具，是集剪辑、调色、视觉特效、动态图形和音频后期制作等多项功能于一身的软件解决方案。它具有友好的界面设计和强大的性能，既适合新手用户快速上手，也能满足专业人士的需求。达芬奇软件具有以下优势：

1）全面的色彩校正和调色功能：软件提供了专业的色彩分级、校正工具，帮助用户实现精确的视觉效果。

2）剪辑和动态图形：除了调色，达芬奇还支持视频剪辑功能，包括高级的剪辑和修剪工具，以及动态图形和视觉特效处理。

3）音频后期制作：软件内置了音频处理插件和工具，支持混音、母带制作等，提供专业的音质处理。

4）兼容性和文件格式支持：支持多种视频和音频文件类型，使得项目管理更加灵活，适用于多种输出需求。

5）云协作功能：通过 Blackmagic Cloud 和其他云服务，支持多人同时在线协作，提高了团队工作效率。

知识储备二　汽车短视频剪辑技巧

随着短视频平台的兴起，汽车短视频成为展示汽车魅力、传播汽车文化的重要途径。在剪辑汽车短视频时，要整体考虑并明确思路，通过确定目标受众、规划视频结构、保持风格统一等方式来确保视频内容的连贯性和完整性，通过突出汽车特点、抓住精彩瞬间、强化视觉冲击等方式来突出视频的重点和亮点。这样才能制作出既具有吸引力又具有传播价值的汽车短视频。以下介绍汽车短视频剪辑的七大技巧，帮助您提升剪辑质量，制作更加出色的汽车短视频。

1. 主题明确

在剪辑汽车短视频前，首先要明确目标受众是谁。不同的受众群体对汽车短视频的需求和关注点可能不同，通过了解目标受众的喜好和兴趣，可以更有针对性地选择素材和剪辑手法，进而确定视频的主题。视频的主题可以是汽车外观展示、性能体验、驾驶技巧等。明确主题后，剪辑时应围绕主题进行素材选择和剪辑处理，确保视频内容连贯、有重点。

2. 精选素材

精选素材是剪辑汽车短视频成功的关键。在拍摄汽车短视频时，应尽可能多地拍摄不同角度、不同场景下的素材。在剪辑时，根据主题筛选出最具代表性、最能体现汽车特点的素材，通过剪辑手法进行突出和强化，让观众能够更直观地感受到汽车的魅力。同时，要注意素材的清晰度和稳定性，确保观众能够清晰、舒适地观看视频。

3. 节奏控制

节奏控制是汽车短视频剪辑中非常重要的一环。在剪辑之前，要对整个视频的结构进行规划，包括确定视频的开头、中间和结尾部分，以及各部分之间的过渡和衔接。通过规划视频结构，可以确保视频内容的条理清晰，让观众能够轻松理解并跟上视频的节奏。剪辑时根据视频主题和素材特点，合理安排镜头切换速度和节奏变化，在高潮部分可以加快镜头切换速度，营造紧张、刺激的氛围；在平稳部分可以放缓节奏，展现汽车细节和特色。同时，注意镜头切换的平滑性，避免突兀的切换影响观众体验。

4. 配乐选取

配乐是汽车短视频中不可或缺的元素。选取合适的配乐能够增强视频的氛围和情感表达。在选择配乐时，应考虑视频主题和风格，选择与之相匹配的音乐。同时，注意音乐的节奏和旋律与视频内容的协调性，确保音乐能够融入视频中并起到烘托氛围的作用。

5. 文字设计

文字设计是汽车短视频中的辅助表达手段。在视频中加入适当的文字，能够更直观地传达信息、突出主题。在文字设计时，应注意字体、字号、颜色等元素的搭配和选择，确保文字与视频风格相协调。同时，注意文字内容的简洁明了性，避免过于复杂的文字让观众难以理解。

6. 特效运用

特效运用是提升汽车短视频视觉效果的重要手段。在剪辑过程中，可以适当加入一些特效元素来增强视频的观赏性和吸引力。例如，可以使用变速、模糊、倒放等特效来展示汽车高速行驶、制动点头等瞬间；也可以使用转场特效来平滑地切换不同场景下的素材。但是要注意：不要过度使用特效，以免破坏视频的整体氛围和真实感。

7. 时长把握

时长把握是汽车短视频剪辑中需要注意的一个细节问题。短视频的特点就是短小精悍、快速传播，因此时长控制非常重要。在剪辑时要根据视频主题和素材特点来合理控制时长，避免过长或过短影响观众体验。一般来说汽车短视频的时长应控制在 30 秒到 1 分钟之间较为合适，但也要具体情况具体分析，确保时长能够完整展现汽车特点和信息传达效果最佳。

知识储备三　汽车短视频特效运用

在汽车短视频剪辑中，合理运用特效可以大大提升视频的视觉效果和吸引力。通过精选特效、适度运用、实时预览和创意搭配等技巧，可以实现特效与视频内容的完美融合，创作出具有独特魅力和创意的汽车短视频作品。

一、特效类型

1. 场景替换

场景替换是通过将虚拟场景与现实场景无缝融合，为汽车提供不同的背景，增加视觉趣味性。例如，将汽车置于未来城市、沙漠或雪山等虚拟场景中，展示汽车在不同环境下的风采。

2. 物体叠加

物体叠加是在视频中添加虚拟物体，如光效、粒子效果、文字等，为视频增添创意和动感。例如，在汽车行驶过程中添加光轨特效，或在汽车周围添加动态文字，展示汽车的速度和力量。

3. 动态背景

动态背景是提供如飘动的云彩、流动的水流等动态背景效果，让汽车视频更加生动有趣。例如，在汽车展示视频中，使用动态背景作为过渡效果，或在汽车行驶过程中添加动态背景，增强视频的观赏性。

4. 文字特效

文字特效包括动态文字、变形文字、3D 文字等，为视频提供丰富的文字表达形式。例如，在汽车广告视频中使用动态文字突出汽车品牌或产品特点，或在汽车评测视频中使用变形文字展示车辆参数。

二、特效运用技巧

1. 精选特效

根据视频内容和风格，精选合适的特效。避免过度使用特效，以免影响观众体验。

2. 适度运用

特效的运用要适度，不宜过于花哨。应注重特效与视频内容的融合，确保特效能够增强视频的视觉效果和传达效果。

3. 实时预览

利用剪辑软件的实时预览功能，查看特效在视频中的实际效果。根据预览效果调整特效参数，确保特效的最佳表现。

4. 创意搭配

尝试将不同的特效进行创意搭配，创造出独特的视觉效果。通过不断尝试和创新，提升汽车短视频的创意和吸引力。

5. 特效与视频内容的融合

特效的运用应与视频内容紧密结合，确保特效能够增强视频的表现力和传达效果。在剪辑过程中，应注重特效与视频内容的融合，避免特效与视频内容脱节或产生冲突。

知识储备四　汽车短视频 AI 与动画应用

在汽车短视频制作中，AI 与动画的结合为汽车短视频的创作带来了更多的可能性和创新空间。通过充分利用这些技术，创作者们可以制作出更加生动、有趣且具有吸引力的汽车短视频作品。

一、AI 在汽车短视频中的应用

1. 自动化剪辑

AI 技术可以帮助自动剪辑汽车短视频，通过算法分析视频素材，自动筛选出符合主题和风格的镜头，并快速拼接成一段连贯的视频。这大大提高了制作效率，同时降低了技术门槛。

2. 智能推荐

AI 可以根据观众的观看习惯和喜好，智能推荐符合其兴趣的汽车短视频。这不仅提高了视频的曝光率和点击率，也为创作者带来了更多的流量和关注。

3. 虚拟角色与场景

AI 技术可以创建虚拟的汽车角色和场景，这些虚拟元素可以与真实拍摄的汽车进行无缝融合，创造出独特的视觉效果。例如，AI 可以生成一位与汽车互动的虚拟驾驶员，或者创造一个虚拟的赛车场景。

二、动画在汽车短视频中的应用

1. 汽车动画展示

动画可以生动地展示汽车的设计特点、功能优势以及驾驶体验等。通过动画的形式，观众可以更直观地了解汽车的各个方面，同时动画也可以为汽车增添一些趣味性和幽默感。

2. 故事叙述

动画可以用来讲述一个与汽车相关的故事，如汽车的制造过程、一个关于汽车的冒险故事等。这种叙述方式更容易吸引观众的注意力，同时也为汽车品牌传达了一种价值观和情感联系。

3. 特效增强

动画可以用来增强汽车短视频的视觉效果，如添加光影效果、速度线等。这些特效可以让汽车看起来更加炫酷和动感，同时提高视频的观赏性。

三、AI 与动画的结合

1. 自动化生成动画

AI 技术可以自动生成汽车动画，通过算法分析汽车的设计图纸或照片，快速生成一个三维的汽车模型，并为其添加动画效果。这种方式大大提高了动画制作的效率和质量。

2. 智能场景融合

AI 可以将虚拟的动画场景与真实的汽车拍摄素材进行融合，实现无缝衔接。例如，AI 可以将一辆真实的汽车放入一个由动画生成的虚拟城市中，创造出一种真实与虚幻交织的视觉效果。

3. 实时交互与反馈

通过 AI 技术，观众可以与汽车短视频中的动画元素进行实时交互，如选择不同的视角、调整动画速度等。同时，AI 也可以收集和分析观众的反馈数据，为创作者提供改进视频的建议和方向。

技能训练　剪辑汽车短视频

汽车短视频剪辑学生工作页

1. 准备工作（表 4-3）

表 4-3　剪辑汽车短视频技能训练准备工作

场地准备	设备准备	工具准备	课堂布置
对应数量的桌椅	电脑、手机或平板	一体机	分组练习

2. 分组讨论

根据脚本和已拍摄的汽车短视频，分组讨论以下环节：明确主题、选取素材、节奏控制、配乐文字设计、特效运用、时长把握。

讨论后对拍摄的汽车短视频进行剪辑。

3. 展示评比

各小组推选一名同学在一体机上进行展示，老师进行总结并点评。

4. 评价表（表4-4）

表4-4 剪辑汽车短视频技能训练评价表

评价项目	明确主题（10分）	选取素材（10分）	节奏控制（20分）	配乐文字设计（20分）	特效运用（20分）	时长把握（10分）	综合评价（10分）	总分（100分）
评价标准	1.根据受众分析，短视频是否符合主题 2.选择的素材是否能展现汽车的特点和性能等 3.节奏控制是否合理 4.配乐文字设计是否得当 5.是否运用特效给观众带来视觉效果 6.短视频时长是否合适						内容质量、制作技术、创新性和独特性	自评得分（　　）
第　组								
点评记录	优点							
	缺点							

5. 自我总结

项目五 汽车短视频账号推广

学习任务一　汽车短视频账号推流

汽车短视频账号推流

情境描述

　　王同学和他的团队精心制作了一系列精彩的汽车短视频后，得到领导的高度赞扬。紧接着，领导宣布了一个令王同学激动不已的消息：他被任命为市场推广负责人，负责后期短视频的策划、制作和推广工作。王同学深知这是一个重要的挑战，但也是一个展现自己才华的绝佳机会。然而，王同学面临着一个挑战：如何确保这些视频能够被更多的潜在客户看到？为了解决这个问题，王同学深入学习了各种推流工具的功能和特点，评估它们的效果和适用性。在这个过程中，王同学不断尝试和调整，最终选择了一款有效的推流工具。通过这个工具，王同学成功地将团队制作的短视频推送到各大平台，极大地提升了视频的曝光率和观看量。这段经历不仅让王同学在新媒体推广领域积累了宝贵的经验，也是他职业生涯中的一个重要里程碑。

情境分析

　　当今社交媒体平台的崛起，为汽车行业带来了全新的推广机会。在短视频平台上，汽车短视频账号已经成为吸引消费者注意力的热门内容之一。然而，要想在这个竞争激烈的领域脱颖而出，并不仅仅依靠优质内容就能实现，选择合适的推流工具也是成功推广汽车短视频的关键之一。对于汽车品牌而言，如何选择推流工具，推流流程与方法、推广效果分析以及根据推广效果调整推广策略等，都是要考虑的问题。这些都将直接影响到他们在短视频平台上的曝光和品牌认知度。

✅ 学习目标

知识目标

- 能描述不同汽车短视频账号推流工具的种类和特点。
- 能描述各种推流工具的推送范围、推广效果分析功能、使用方法以及价格策略等。
- 能描述推流工具选择的基本原则和注意事项。

技能目标

- 会根据推广需求和预算，选择合适的汽车短视频账号推流工具。
- 会使用推流工具进行汽车短视频推送。
- 会根据推广效果及时优化与调整推广策略。

素养目标

- 具有开放思维，以及对新鲜事物的学习态度。
- 具有综合分析问题的能力和决策能力。
- 具有团队合作和沟通能力。

随着短视频平台的兴起，汽车品牌也开始积极利用这一渠道进行产品推广和营销。为了有效提升汽车短视频账号的曝光度和用户参与度，选择适合的推流工具变得尤为重要。

知识储备一　推流工具选择与介绍

汽车短视频账号推流是指将汽车相关的短视频内容通过一定的技术手段传输到互联网平台上，使更多的用户能够在线观看和分享这些视频。推流过程涉及视频内容的采集、编码、传输以及最终在平台上的展示等环节。

汽车短视频账号推流工具是用于实现汽车短视频推流过程的软件或平台。这些工具可以帮助用户更方便、高效地将视频内容推送到互联网平台上，提升视频的传播效果和观看体验。以下介绍几种常见的汽车短视频账号推流工具及其特点。

一、推流工具及其特点

1. 短视频平台

短视频平台主要用于将汽车短视频自动推送到多个社交媒体平台，如抖音、快手、B 站、小红书和微博等。抖音、快手、B 站等短视频平台是汽车短视频账号推流的主要选择，这些平台拥有庞大的用户群体和成熟的推荐算法，能够确保汽车短视频得到广泛的传播和曝光。它们通常提供简单易用的界面，让用户可以一次性上传视频并设置发布时间，然后工具会自动将视频发布到指定平台，节省了用户的时间和精力，使他们能够更有效地管理和推广视频内容。

抖音和快手等平台支持短视频的实时上传和编辑，用户可以直接在平台上完成视频内容的制作和发布，方便快捷。B 站等平台则更侧重于长视频和深度内容的传播，适合汽车品牌发布更详细的评测、介绍等视频内容。

2. 直播软件

随着直播技术的发展，越来越多的汽车品牌开始利用直播推广汽车产品和活动。直播推流工具可以帮助用户实现实时直播汽车展示、新品发布、行业讨论等内容，与粉丝互动并即时获取反馈。这类工具通常提供稳定的直播推流服务、多种互动功能（如弹幕、点赞等）以及直播内容录制和分享功能。例如，OBS（Open Broadcaster Software）和 Wirecast 等直播软件可以实现汽车短视频的直播推流，可支持多种视频源和音频源的输入，从而实现高质量的视频直播和录制。

3. 社交媒体管理工具

社交媒体管理工具提供了更全面的社交媒体管理功能，不仅可以发布视频，还可以进行内容分析、社交互动、粉丝管理等。它们通常支持多个社交媒体平台，并提供详细的推广效果分析报告，帮助用户了解视频的观看情况、受众反馈等。例如，Hootsuite 和 Buffer 等社交媒体管理工具可以帮助汽车品牌统一管理多个社交媒体平台上的短视频内容，这些工具支持多平台内容发布、数据分析和社交互动等功能，能够提高短视频内容的发布效率和管理效果。

社交媒体管理平台还可以提供社交媒体广告管理功能，让用户可以通过付费广告进一步提升视频的曝光度和影响力。

4. 视频编辑工具

视频编辑工具专注于视频内容的管理和优化，包括视频编辑、内容分发等功能。它们通常提供丰富的视频编辑工具，让用户可以轻松编辑和美化汽车短视频，提升其质量和吸引力。例如，Adobe Premiere Pro 和 Final Cut Pro X 等专业视频编辑工具可以帮助汽车品牌制作出高质量、具有吸引力的汽车短视频内容，这些工具支持视频剪辑、特效添加、字幕制作等功能，能够提升视频内容的视觉效果和观看体验。

视频编辑工具还可以提供视频 SEO 优化功能，帮助用户将视频排名优化到搜索引擎结果页的前列，增加曝光和点击量。

5. 数据分析工具

通过数据分析工具可以了解短视频的播放量、点赞量、分享量等关键指标，还可以根据数据分析结果优化短视频内容和推广策略，提高营销效果和用户参与度。例如，Google Analytics 和友盟＋等数据分析工具可以帮助汽车品牌追踪和分析短视频的观看量、点赞量、分享量等关键指标，通过对数据的分析，品牌可以了解短视频的传播效果和用户行为，从而优化视频内容和推广策略，提高营销效果和用户参与度。

二、推流工具选择原则

选择汽车短视频账号推流工具时，应根据自身的推广需求、预算限制和工具的功能特点等因素综合考量，以选择最适合自己的工具，从而实现推广目标并提升品牌影响力。

1）功能需求匹配：确保选择的工具能够满足自己的推广需求。例如，如果需要自动化推送到多个平台，则需要选择支持多平台推送的工具；如果需要详细的推广效果分析，则需要选择提供推广效果分析功能的工具。

2）易用性：选择操作简单、界面友好的工具，能够快速上手并高效使用。尽量避免复杂的操作流程和繁琐的设置步骤，以提升工作效率。

3）价格适应性：根据预算限制选择合适的价格策略。考虑工具的免费版和付费版之间的差异，以及不同价格策略下所提供的功能和服务，确保选择的工具能够在预算范围内提供所需的功能和服务。

4）技术支持与服务质量：选择提供良好技术支持和优质服务的厂商。确保在使用过程中能够及时解决遇到的问题，并获得专业的帮助和建议。

5）用户评价和口碑：查阅用户评价和口碑，了解其他用户对该工具的使用体验和推广效果。通过对比不同工具的用户评价，选择具有较高满意度和良好口碑的工具。

6）安全和稳定性：选择安全可靠、稳定性高的工具。确保工具能够保护用户信息安全，并保证推送视频内容的稳定性和可靠性，避免因为工具故障或安全漏洞导致推广失败。

7）灵活性与扩展性：选择具有一定灵活性和扩展性的工具，能够根据自身推广需求和业务发展情况灵活调整和扩展功能。尽量避免选择功能单一、扩展性有限的工具，以免限制了推广活动的发展空间。

8）试用评估：在做出最终选择之前，建议先进行试用评估。通过免费试用期或付费试用等方式，亲自体验工具的功能和服务质量，评估其是否符合自己的需求和期望，以便做出更准确的决策。

三、推流工具价格策略比较

汽车短视频账号推流工具的价格策略会根据工具的类型、功能、服务质量以及用户的需求和预算而有所不同。在选择汽车短视频账号推流工具时，需要综合考虑工具的价格策略、功能特点、服务质量以及自身的推广需求和预算限制，以选择最适合自己的工具。下面是一些常见的价格策略比较。

1. 免费版与付费版

大多数推流工具提供免费版和付费版两种选择。免费版通常具有基本的功能，适合个人用户或小型团队使用。付费版则通常提供更丰富的功能和更好的服务质量，适合对推广效果有更高要求的企业用户。

2. 按需付费与订阅制

一些推流工具采用按需付费的价格策略，用户根据实际使用情况支付费用。而还有一些工具则采用订阅制的价格策略，用户按月或按年支付固定费用，享受全部功能和服务。

3. 功能模块化定价

一些推流工具采用功能模块化定价的方式，用户可以根据自己的需求选择需要的功能模块，并支付相应的费用。这样可以灵活地根据实际需求选择付费内容，避免浪费资金。

4. 企业定制版

针对大型汽车品牌或企业用户，一些推流工具提供定制化的服务方案，包括个性化功能定制、专属客户经理服务等。其价格通常会根据具体的定制需求和服务内容进行商议，比较灵活。

5. 免费试用期

很多推流工具提供免费试用期，让用户在付费之前先体验一段时间。这样用户可以在试用期内评估工具的功能和服务质量，以便做出更准确的选择。

6. 教育／非营利机构优惠

一些推流工具提供教育机构或非营利组织特别优惠价格，以支持其推广和教育目的。这些优惠价格通常会比普通商业用户的价格更加优惠，吸引更多的用户加入。

四、推流工具趋势与发展

汽车短视频账号推流工具领域的趋势和发展为汽车品牌提供了更多创新和可能性，帮助其更好地推广产品和品牌。

1. 增强的数据分析和智能推送

越来越多的推流工具开始注重数据分析和智能推送功能，通过对用户行为数据的深度分析和学习，实现更精准的目标受众定位和推送内容优化，提升推广效果和用户参与度。

2. 多平台整合和跨平台推广

随着社交媒体平台的多样化和用户观看行为的碎片化，推流工具开始加强多平台整合和跨平台推广功能，帮助用户更轻松地在不同平台上推送和管理视频内容，以扩大内容的曝光范围。

3.AI 技术应用

人工智能技术的发展和应用为汽车短视频推流工具带来了更多创新和可能性。一些工具开始利用 AI 技术实现视频内容的智能生成、个性化推荐、智能剪辑等功能，提高视频生产效率和内容质量。

4. 实时互动和虚拟现实体验

实时互动和虚拟现实技术的应用为汽车短视频推广带来了新的体验方式。一些推流工具开始支持实时直播和虚拟现实体验功能，让观众可以更直观地了解汽车产品和品牌故事，增加用户参与度和互动性。

5.UGC（用户生成内容）推广

用户生成内容在汽车短视频推广中的作用日益凸显。一些推流工具开始加强对 UGC 的管理和推广功能，通过鼓励用户参与、分享和创作内容，扩大品牌影响力和用户覆盖范围。

6. 社交电商整合

社交电商的兴起为汽车短视频推广带来了新的商业机会。一些推流工具开始加强与社交电商平台的整合和合作，实现视频内容与商品销售的无缝链接，提高营销转化率和销售业绩。

知识储备二 推流流程与方法

汽车短视频推流是一个系统性的过程，需要明确目标与定位、创作与规划内容、注册与认证账号、创建广告计划、定向投放、上传与审核素材、投放与监测以及数据分析与优化等多个环节。只有每个环节都做好充分准备和执行到位，才能确保汽车短视频推流活动的成功。

1. 明确目标与定位

在汽车短视频推流之前，首先需要明确推流的目标和账号的定位。目标可以包括提高品牌知名度、增加产品销量、与潜在客户建立联系等。而账号定位则需要根据品牌特点、目标受众以及市场竞争情况来确定，如高端汽车品牌可定位为"奢华体验"，而实用型汽车品牌则可定位为"性价比之选"。

2. 内容创作与规划

内容是吸引观众的核心。在内容创作阶段，需要深入了解目标受众的需求和兴趣点，制定符合他们喜好的短视频内容。同时，要确保内容具有独特性、创新性和吸引力，能够在众多短视频中脱颖而出。规划内容时，可以考虑结合产品特点、行业动态、用户故事等多个维度进行创作。

3. 账号注册与认证

在短视频平台上注册账号并进行认证是推流的必要条件。注册账号时，需要按照平台的要求填写相关信息，如企业名称、联系方式等。完成注册后，需要进行实名认证和资质认证，以确保账号的合法性和可信度。此外，为了提高账号的权威性和影响力，还可以考虑申请平台认证的"蓝V"标识。

4. 广告计划创建

在账号注册与认证完成后，需要创建广告计划。广告计划是推流活动的核心，包括预算、投放时间、投放地域、目标受众等关键要素。在创建广告计划时，需要根据推流目标和定位来设置合适的预算和投放时间，并根据目标受众的地理位置、年龄、性别等特征来设置精准的投放策略。

5. 定向投放

定向投放是确保广告触达目标受众的关键步骤。在定向投放时，需要利用短视频平台的定向功能，将广告精准地展示给符合目标受众特征的用户。定向投放的方式包括基于地域、性别、年龄、兴趣、行为等多种维度的精准定向，以确保广告的有效触达和转化。

6. 素材上传与审核

将制作好的短视频素材上传到广告平台，并等待平台进行审核。在上传素材时，需要注意视频格式、尺寸、时长等要求，确保素材符合平台的规定。同时，要关注平台的审核进度，及时处理可能出现的审核问题。审核通过后，素材将被正式纳入广告计划中。

7. 投放与监测

广告计划审核通过后，即可开始投放。在投放过程中，需要密切关注广告的展示量、点击量、转化率等关键指标，了解广告的效果和投放效果。同时，需要定期调整广告策略，如调整预算、投放时间、定向条件等，以优化广告效果。此外，还需要对竞争对手的广告策略进行监测和分析，以便及时调整自己的策略。

8. 数据分析与优化

在广告投放结束后，需要对投放数据进行深入分析。通过分析数据，可以了解广告的展示量、点击量、转化率等关键指标，以及不同定向条件、不同素材等因素对广告效果的影响。根据数据分析结果，可以对广告策略进行优化和调整，以提高广告的转化率和效果。同时，还需要定期评估短视频账号的表现，如粉丝量、点赞量、评论量等，以了解账号的影响力和受众喜好。

在推流过程中，还可以考虑以下技巧来有效提高汽车短视频的推流效果，实现品牌传播和产品销售的目标。

1）合作与联动：与 KOL、行业专家等合作，共同创作短视频内容，提高视频的权威性和影响力。

2）社交互动：鼓励用户参与评论、分享等社交互动行为，提高用户黏性和品牌忠诚度。

3）多渠道推广：除了在短视频平台上推广外，还可以结合其他渠道（如社交媒体、论坛等）进行推广，提高品牌的曝光度和知名度。

知识储备三　推流效果优化与调整

在汽车短视频推流过程中，不断优化和调整是提高推流效果的关键。通过对内容定位、视频剪辑、标题与标签、发布时间与频率以及互动与反馈等方面的精心调整，可以显著提升短视频的曝光度、吸引力和用户参与度。

一、内容定位调整

1）深入了解目标受众：不断研究目标受众的需求和喜好，了解他们的购车偏好、使用场景以及关注热点，从而精准定位短视频内容。

2）适应市场变化：关注行业动态和市场趋势，及时调整内容定位，确保短视频内容始终与市场热点和消费者需求保持一致。

3）尝试不同内容风格：通过尝试不同的内容风格，如幽默、科技、实用等，找到最适合目标受众的内容表达方式，提高短视频的吸引力。

二、视频剪辑优化

1）提高画质与音质：确保短视频的画质清晰、音质纯净，提升观众的观看体验。

2）精简内容时长：根据目标受众的观看习惯，控制短视频时长在合适范围内，避免冗长和拖沓。

3）运用创意剪辑手法：通过运用创意剪辑手法，如蒙太奇、转场等，使短视频更具观赏性和吸引力。

三、标题与标签优化

1）吸引眼球的标题：创作具有吸引力和引导性的标题，激发观众的观看欲望。

2）精准使用标签：根据短视频内容和目标受众，选择合适的标签，提高短视频在平台上的曝光度。

3）定期更新标签：关注平台的标签趋势和热点话题，定期更新短视频的标签，确保标签与当前热点保持一致。

四、发布时间与频率

1）研究最佳发布时间：通过分析目标受众的活跃时间和平台流量高峰期，找到最佳发布时间，提高短视频的曝光度。

2）保持稳定的发布频率：根据平台规则和目标受众的期望，制定稳定的发布频率，确保观众能够定期看到新的短视频内容。

3）灵活调整发布频率：根据短视频的反馈和效果，灵活调整发布频率，确保内容更新及时且符合观众需求。

五、互动与反馈

1）积极回应用户评论：及时回复用户的评论和反馈，建立良好的用户互动关系。

2）收集用户建议：定期收集用户对于短视频内容的建议和意见，作为后续内容创作的参考。

3）举办互动活动：通过举办抽奖、问答等互动活动，增加用户的参与度和黏性，提高短视频的传播效果。

汽车短视频推流效果优化与调整是一个持续不断的过程。通过不断调整内容定位、优化视频剪辑、优化标题与标签、合理安排发布时间与频率以及加强互动与反馈等方面的工作，可以逐步提升短视频的推流效果，实现品牌传播和产品销售的目标。

技能训练　制定汽车短视频推流方案

汽车短视频账号
推流学生工作页

1. 准备工作（表5-1）

表5-1　制定汽车短视频推流方案技能训练准备工作

场地准备	设备准备	工具准备	课堂布置
对应数量的桌椅	一体机	大白纸、笔	分组练习

2. 分组讨论

根据前期制作的汽车短视频内容和推广需求，选择一款汽车短视频推流工具，制定详细的推流方案，以确保短视频能够精准、有效地推送给目标受众。

3. 展示评比

各小组推选一名同学在一体机上进行展示，老师进行总结并点评。

4. 评价表（表5-2）

表5-2 制定汽车短视频推流方案技能训练评价表

评价项目	目标受众定位（10分）	内容筛选与排序（10分）	推流时间与频率（20分）	推流渠道优化（10分）	互动与反馈（20分）	数据分析与调整（20分）	综合评价（10分）	总分（100分）
评价标准	1. 根据汽车品牌的定位和市场调研结果，明确目标受众群体，并利用推流工具的数据分析功能，不断优化受众定位 2. 从制作好的短视频中筛选出符合目标受众喜好的内容，根据视频的播放量、互动数据等指标，对内容排序，优先推送表现优异的视频 3. 根据目标受众的活跃时间和使用习惯，确定最佳的推流时间，并制定合理的推流频率 4. 利用推流工具精准投放视频，结合社交媒体、官方网站等自有渠道，扩大短视频的传播范围和影响力 5. 积极回应用户的评论和反馈，根据用户反馈不断优化推流内容和策略，提高推流效果和用户满意度 6. 实时监测推流数据，根据数据分析结果，及时调整推流策略和内容规划，优化推流效果						礼仪规范 语言组织	自评得分 （　　）
第　组								
点评记录	优点							
	缺点							

5. 自我总结

汽车短视频账
号变现

学习任务二 汽车短视频账号变现

情境描述

王同学负责管理的汽车短视频账号每天发布精彩的汽车短视频内容，分享最新的汽车资讯、汽车评测和汽车文化等内容。这些视频吸引了大量的汽车爱好者关注，粉丝数量逐渐增长，观看量也不断攀升。在王同学的积极运营下，账号逐渐发展壮大，受到了越来越多人的喜爱和关注。随着账号影响力的提升，公司开始思考如何将这个充满潜力的汽车短视频账号变现，实现更多的商业价值。王同学在这个过程中不断学习和探索，积累了丰富的经验，并为账号的商业化做出重要贡献。他相信只要坚持不懈地追求自己的目标，就一定能够取得成功。

情境分析

在汽车短视频领域，随着消费者对汽车产品和品牌服务的需求不断增长，汽车短视频账号变现已成为一个备受关注的话题。然而，面对众多的变现方式和策略，应该选择哪种变现方式？如何在变现过程中保持账号的价值和影响力？如何平衡商业利益和用户体验？这一切都需要深入探索和思考，才能找到最合适的变现策略，实现账号的可持续发展。

学习目标

知识目标

- 能描述汽车短视频账号变现的概念和意义。
- 能描述汽车短视频账号变现的常见方式及收益方式。
- 能描述汽车短视频账号广告合作模式与策略。
- 能描述汽车短视频账号商品销售策略与技巧。
- 能描述汽车短视频账号付费内容与服务提供策略。

技能目标

- 会制定汽车短视频账号变现策略。
- 会实施汽车短视频账号变现。
- 会分析和评估变现效果，并提出改进建议，持续优化账号变现效果。

素养目标

- 具有商业意识和创新精神。
- 具有注重用户体验和社会责任意识。
- 具有团队合作和沟通能力。

知识储备一　变现方式与策略

汽车短视频账号变现是指通过运营汽车相关的短视频内容，将粉丝流量、关注度等转化为实际的经济收益的过程。当制作汽车短视频账号时，如果主要目的就是变现，那么需要有一个明确的策略来规划内容的创作、发布和粉丝互动，以吸引和维持观众的兴趣，同时创造盈利机会。

一、账号变现方式

1）品牌广告合作：汽车厂商或相关品牌与短视频账号合作，进行品牌宣传和推广。例如，某汽车厂商可能与具有影响力的汽车短视频账号签约，通过植入广告、定制内容等方式进行品牌推广。其收益方式是根据合作内容和影响力，短视频账号可以获得广告费用、代言费用等。

2）直播带货与短视频带货：利用短视频平台的直播功能或短视频内容，展示和推荐汽车相关产品，如汽车配件、车载用品等。观众可以通过直播或短视频中的链接直接购买产品，实现销售转化。这样可通过商品销售提成、佣金等方式获得收益。

3）付费内容：提供汽车知识、选购建议、驾驶技巧等付费内容，如在线课程、专栏文章等。粉丝或用户可以通过支付一定费用获取这些内容。其收益方式是根据内容定价和购买人数，短视频账号可以获得课程费用、专栏订阅费用等。

4）社群运营：建立粉丝社群，提供汽车交流、问答、活动组织等服务。通过社群内的互动和活跃度，增加用户黏性和品牌认知度，从而通过社群内的赞助、广告、活动费用等方式获得收益。

5）版权交易：将原创的汽车短视频内容出售给媒体平台、自媒体人或机构进行商业使用。其收益方式是通过授权版权获取费用。

在具体操作过程中，汽车短视频账号的变现效果受到多种因素的影响，如账号的粉丝数量、活跃度、内容质量、合作品牌等。例如，一些成功的汽车短视频账号，如"懂车侦探"等，通过剧情化演绎、内容贴近生活、个性标签化人设等方式吸引了大量粉丝，并通过与汽车厂商合作、直播带货等方式实现了良好的变现效果。同时，也需要注意合规经营和遵守相关法律法规。

二、账号变现策略

汽车短视频账号变现策略需要考虑多方面的因素，包括账号特点、目标受众、市场需求、竞争情况等。

1. 分析账号特点和受众需求

分析汽车短视频账号的内容定位、受众特点和观看习惯，了解受众对于汽车内容的偏好和需求。

2. 确定变现目标和策略

明确账号主的变现目标，是增加广告收入、提升品牌曝光、增加粉丝互动还是其他目标。根据目标确定相应的变现策略，如广告合作、付费订阅、商品销售等。

3. 选择合适的变现方式

根据账号特点和受众需求，选择合适的变现方式。可以综合考虑品牌广告合作、直播带货与短视频带货、付费内容、社群运营和版权交易等多种方式，进行灵活组合。

4. 寻找合适的合作伙伴

找到与账号内容相关的潜在合作伙伴，包括汽车品牌、汽车零部件厂商、汽车服务商等。与合作伙伴进行洽谈，确定合作形式和合作条件。

5. 制定推广计划和内容策略

根据变现目标和合作方式，制定具体的推广计划和内容策略，包括确定推广内容、制作推广视频、选择推广渠道、制定推广时间表等。

6. 跟踪监测效果并优化策略

在推广过程中，及时跟踪监测推广效果，包括观看量、点击率、用户互动等指标。根据监测结果优化推广策略，提升变现效果。

7. 建立长期稳定的合作关系

与合作伙伴建立长期稳定的合作关系，不断拓展合作领域和深化合作内容。通过良好的合作关系，实现双方的长期共赢。

8. 不断创新和改进

在变现过程中，不断进行创新和改进，探索新的变现方式和策略。根据市场变化和用户需求调整策略，保持账号的竞争力和活力。

三、账号变现风险防范与合规管理

汽车短视频账号在进行变现活动时，需要注意风险防范和合规管理，以确保合法合规、稳健运营。

1）知识产权保护：确保视频内容、图片、音乐等的版权合法性，避免侵犯他人知识产权。可以通过购买授权、签订合同等方式获取合法使用权。

2）广告合规：确保广告内容合法合规，不涉及虚假宣传、误导性广告等违法行为。遵守相关法律法规和广告监管规定，如《中华人民共和国广告法》等。

3）个人信息保护：严格遵守个人信息保护法律法规，不收集、使用、传播用户个人信息，保护用户隐私权益。合作伙伴必须签署保密协议，对用户数据进行严格保密。

4）反垃圾信息：防范发布虚假信息、低俗信息等违法违规内容，严格审核视频内容，确保内容真实、准确、合法。

5）合规合约：签订合作协议时，确保合约内容合规，明确双方权益和责任，规避合同风险。合约中需要涵盖合作方式、费用结算、违约责任等方面的条款。

6）金融风险防范：注意防范金融风险，如合作方支付风险、资金安全等。建立合理的财务管理制度，确保款项安全、合理分配。

7）危机管理：建立危机管理机制，应对突发事件和危机情况，及时应对处理，保护账号声誉和利益。建立应急预案，提前应对可能出现的风险事件。

8）持续监管与改进：定期进行合规风险评估，对账号运营进行持续监管与改进。及时了解行业最新法规和政策，调整策略和运营模式，确保账号运营合法合规。

通过风险防范与合规管理的措施，汽车短视频账号可以降低运营风险，保障账号安全稳健运营，同时提升合规合法性，赢得用户和合作伙伴的信任与支持。

四、账号变现用户体验与社会责任

汽车短视频账号变现不仅是追求商业利益，还应该注重用户体验和社会责任，才能够获得长期的成功和可持续发展。通过关注用户体验和社会责任，汽车短视频账号可以赢得用户的信任和尊重，树立良好的品牌形象，从而获得更广泛的认可和支持。

1. 用户体验

1）确保提供的视频内容质量高，信息准确、有趣、有价值，能够满足用户的需求和期待，提升用户观看体验。

2）在进行广告推广时，要注意控制广告数量和内容，避免过多的广告对用户体验造成干扰，保持广告与内容的平衡。

3）鼓励用户参与和互动，例如通过评论、点赞、分享等方式，增加用户与账号之间的互动和黏性，提升用户体验。

4）尊重用户隐私，不泄露用户个人信息，不进行过度的个性化推广，确保用户信息安全和隐私权益。

5）提供良好的客户服务，及时回复用户提问和反馈，解决用户问题，提升用户满意度和忠诚度。

2. 社会责任

1）确保提供的内容健康、积极、正面，不传播虚假信息、低俗内容或违法违规内容，为社会营造良好的网络环境。

2）关注汽车行业对环境的影响，倡导环保理念，推广节能减排、绿色出行等理念，积极参与环保公益活动。

3）积极参与社会公益活动，为社会作出一份贡献，例如开展慈善活动、支持弱势群体、关注社会热点等。

4）确保提供的信息真实可靠，不散播谣言和不实信息，提升媒体的信誉和公信力。

5）尊重消费者权益，提供诚信、透明的服务，不欺诈消费者，维护消费者合法权益。

知识储备二　广告合作模式与策略

随着社交媒体和短视频平台的迅猛发展，汽车短视频广告已成为品牌推广和营销的重要手段。广告合作是汽车短视频变现方式之一。

一、广告合作模式

1. 预先包销模式

在这种模式下，广告商通常会提前购买一定数量的广告位，并支付固定的广告费用。账号主需要在视频中插入预先确定的广告，这些广告是否被观众观看不影响收入。这种模式对于账号主来说比较稳定，但收入相对固定。

2. 按播放量付费模式

在这种模式下，广告商根据视频的实际播放量支付广告费用。账号主需要根据实际播放量计算广告费用，并与广告商达成付费协议。这种模式的优势在于收入与实际播放量挂钩，但也需要账号主保证视频的观看量和观众参与度。

3. 植入式广告模式

在这种模式下，广告商的产品或品牌会以自然的方式融入视频内容中，而不是作为明显的广告插播。账号主需要与广告商合作，将产品或品牌巧妙地融入视频内容中，并在视频中进行自然展示。这种模式的优势在于对用户干扰性小，但也需要账号主保持视频内容的质量和原汁原味。

二、广告合作策略

1. 定位目标受众

在制定广告合作策略时，账号主需要充分了解自己的目标受众群体，包括年龄、性别、地域、兴趣爱好等方面的特征。根据目标受众的特点，选择合适的广告内容和合作对象。

2. 优化视频内容

账号主需要根据广告合作的要求，优化视频内容，使其与广告内容相匹配，并提升视频的观赏性和吸引力。这包括拍摄角度、剪辑手法、音乐配音等方面的优化。

3. 维护品牌形象

账号主在广告合作中需要注意维护自己的品牌形象和用户信任度。选择与账号主内容相关联的品牌合作，避免与账号主核心价值观不符的合作，以保持账号的品牌认可度和用户忠诚度。

4. 跟踪监测效果

在广告合作执行过程中，账号主需要及时跟踪监测广告的效果和反馈，包括观看量、点击率、用户互动等指标。根据监测结果调整广告策略，优化广告效果，提升合作双方的收益。

5. 建立长期合作关系

账号主需要与广告商建立长期稳定的合作关系，而不是一次性的合作。通过建立良好的合作信任，双方可以共同成长，实现长期的双赢合作。

通过合作模式和策略的制定与执行，汽车短视频账号主可以实现与广告商的良好合作，实现账号的商业价值最大化。

三、商业合作伙伴关系管理

汽车短视频账号变现的商业合作伙伴关系管理是确保变现活动顺利进行和实现双赢的关键。通过管理商业合作伙伴关系，实现双方利益最大化，推动账号变现活动的持续发展。

1. 建立合作伙伴关系

选择与账号内容相关的潜在合作伙伴，包括汽车品牌、汽车配件商、广告主等。通过线上线下渠道建立联系，了解对方需求和合作意向。

2. 明确合作协议

在与合作伙伴达成合作协议之前，要明确合作内容、合作方式、合作期限、合作费用等关键条款，确保双方权益得到保障。

3. 建立良好沟通机制

建立良好的沟通机制，及时与合作伙伴沟通合作事宜，解决合作中的问题和困难。可以通过邮件、电话、视频会议等方式进行沟通。

4. 提供专业服务

为合作伙伴提供专业的服务和支持，满足其需求和期望。可以根据合作伙伴的需求定制专属服务方案，提供个性化的服务体验。

5. 建立互信关系

建立互信关系是长期合作的基础。保持诚信、透明，遵守合作协议，履行合作承诺，树立良好的合作伙伴形象。

6. 定期评估合作效果

定期评估合作效果，了解合作的实际效果和问题所在。根据评估结果调整合作策略，优化合作方案，提升合作效果。

7. 激励共赢

通过激励机制促进共赢，包括提供优惠政策、奖励计划、合作推广等方式，激励合作伙伴积极参与合作，实现双方共赢。

8. 保持长期合作关系

保持长期稳定的合作关系是目标。通过持续的沟通、合作升级、项目拓展等方式，不断深化合作关系，实现合作的长期可持续发展。

知识储备三　商品销售策略与技巧

随着互联网的快速发展和新媒体的崛起，直播带货和短视频带货已经成为新兴的电商销售模式。带货中的商品销售不仅为消费者提供了更加直观、生动的购物体验，同时也为商家提供了更广阔的营销空间。以下对直播带货和短视频带货中的商品销售策略与技巧进行深入探讨。

1. 选品定位

在选择商品时，首先要明确目标受众的需求和喜好，确保所选商品能够满足他们的实际需求。其次，要考虑商品特性，选择具有独特卖点、高品质的商品，能够吸引消费者的注意力，提高购买意愿。再者，注重品牌效应，优先选择知名品牌或有口碑的商品，能够提升消费者的信任度和购买信心。

2. 价格策略

商品在定价时要进行充分的市场调研，了解同类商品的价格区间和竞争状况，确保定价具有竞争力。根据商品特性和目标受众的需求，制定差异化的价格策略，满足不同消费层次的需求。还可以通过打折、满减、赠品等优惠方式，吸引消费者购买，提高销量。

3. 内容创新

结合商品特性和受众需求，制定具有创意的直播和短视频内容，提高观众的观看兴趣。通过现场试用、演示等方式，生动展示商品的特点和使用效果，增强消费者的购买欲望。挖掘商品的情感价值，与观众建立情感连接，提高观众的购买意愿。

4. 互动营销

在直播和短视频中设置提问环节，与观众进行互动交流，解答他们的疑惑，提高观众的参与度。通过抽奖活动吸引观众参与，增加观众的黏性，提高商品的曝光率。鼓励观众分享直播和短视频内容到社交媒体平台，扩大商品的影响力，吸引更多潜在消费者。

5. 限时优惠

在直播和短视频中设置限时优惠活动，提高消费者的购买紧迫感，促进销售。对热销商品进行限量销售，制造稀缺感，增加消费者的购买欲望。提前进行预售活动，通过预付款方式锁定消费者，确保商品销量。

6. 用户反馈

在直播和短视频中设置反馈环节，收集观众对商品和服务的意见和建议，了解他们的需求和期望。对收集到的反馈进行深入分析，找出存在的问题和不足，及时改进和优化商品和服务。根据用户的反馈和建议，给予相应的回馈和奖励，提高用户的满意度和忠诚度。

7. 跨界合作

与其他行业或品牌进行合作，共同推广商品和服务，扩大市场份额。通过合作实现资源共享，降低营销成本，提高营销效果。建立长期稳定的合作关系，实现互利共赢的局面。

直播带货和短视频带货作为新兴的电商销售模式，具有广阔的发展前景。

只有不断关注市场动态和消费者需求的变化，持续优化商品和服务，才能保持竞争优势，实现长期稳定发展。

知识储备四　付费内容与服务提供

汽车短视频作为一种新兴的信息传播方式，正逐渐成为广大车友获取汽车知识和信息的重要渠道。为满足用户更为深入、个性化的需求，汽车短视频平台提供了多样化的付费内容与服务。

汽车短视频账号变现中付费内容与服务提供是一种常见的变现方式，通过提供高质量的付费内容或专业的服务，可以吸引用户付费订阅或购买，从而获取收入。

一、付费内容与服务提供

1. 订阅打赏服务

订阅打赏服务是汽车短视频平台为用户提供的一种基于个人喜好和兴趣的内容付费方式。用户可以选择关注自己喜爱的创作者或频道，通过订阅获取独家内容，并通过打赏方式表达支持和赞赏。

订阅打赏服务有助于激励创作者生产更多优质内容，同时让用户享受到更加个性化和定制化的服务。此外，打赏机制也能为创作者带来一定的经济收益，形成良好的内容生态。

2. 特色内容购买

特色内容购买是汽车短视频平台为用户提供的一种针对特定主题或车型的高价值内容付费方式。这些特色内容通常包括深度评测、专业解读、独家访谈等，旨在为用户提供更加全面和深入的汽车知识。

特色内容购买能够满足用户对高质量、专业性内容的需求，提升用户体验和满意度。同时，特色内容也能为平台带来更高的收益，进一步推动内容的创新和发展。

3. 会员专享服务

会员专享服务是汽车短视频平台为会员用户提供的一系列独家福利和特权。这些服务包括无广告观看、高清画质、优先观看新内容、会员专属活动等。

会员专享服务能够提升用户的观看体验和忠诚度，同时帮助平台更好地维护和管理用户群体。通过会员制度的建立，平台可以更加精准地了解用户需求，为会员提供更优质的服务。

4. 试驾预约服务

试驾预约服务是汽车短视频平台与汽车制造商或经销商合作提供的一种线下体验服务。用户可以通过平台预约心仪车型的试驾活动，实地感受车辆性能和驾驶体验。

试驾预约服务能够为用户提供更加真实和直观的购车参考，同时帮助汽车制造商和经销商拓展销售渠道和客户资源。通过与汽车短视频平台的合作，双方可以实现资源共享和互利共赢。

5. 专业汽车咨询

专业汽车咨询是汽车短视频平台为用户提供的一种线上咨询服务。用户可以通过平台向专业汽车顾问咨询购车、保养、维修等方面的问题，获取专业的建议和解答。

专业汽车咨询能够满足用户对专业汽车知识和经验的需求，帮助他们做出更加明智的购车和用车决策。同时，专业咨询也能提升平台的权威性和专业性，吸引更多用户关注和信任。

6. 互动社区交流

互动社区交流是汽车短视频平台为用户提供的一个线上社交平台。用户可以在平台上发表自己的见解和心得，与其他车友交流互动，分享汽车生活的点滴。

互动社区交流能够增强用户之间的联系和归属感，促进汽车文化的传播和交流。同时，社区中的用户反馈和意见也能为平台提供宝贵的改进意见和建议，推动平台的不断发展和完善。

二、付费内容与服务提供策略

为满足用户对高质量、个性化汽车内容的需求，提供付费内容与服务成为行业发展的新趋势。

1. 用户需求调研

在提供汽车短视频付费内容与服务之前，首先需要进行充分的市场调研和用户需求分析。通过调查问卷、社交媒体互动、线上论坛讨论等方式，了解用户对汽车内容的需求、兴趣点和消费习惯。同时，对竞品进行分析，了解竞争对手的优劣势，为制定有针对性的内容策划和营销策略提供依据。

2. 内容策划与定位

基于用户需求调研的结果，进行内容策划与定位，明确目标用户群体，制定符合其需求和兴趣的内容主题和形式。例如，针对专业车迷可以提供深度评测、专业解读等高质量内容；针对普通消费者则可以提供购车指南、汽车生活分享等轻松有趣的内容。同时，注重内容的独特性和创新性，以吸引用户的关注和付费。

3. 价格策略

价格策略是影响用户付费意愿的重要因素。在制定价格策略时，需要综合考虑内容的质量、成本、目标用户群体的消费能力和市场竞争状况等因素。可以采用差异化定价策略，根据内容类型、创作者知名度、观看次数等因素设置不同的价格。同时，通过优惠活动、限时折扣等方式激发用户的付费欲望，提高付费转化率。

4. 优质内容创作者

优质内容创作者是汽车短视频付费内容的核心竞争力。为了吸引和留住优秀的创作者，需要提供具有竞争力的稿酬和福利，以及良好的创作环境和资源支持。此外，建立完善的创作者培训和指导机制，提高创作者的创作能力和水平，保障付费内容的持续供应和质量。

5. 线上线下合作

线上线下合作是扩大汽车短视频付费内容与服务影响力的有效途径。可以与汽车制造商、经销商、汽车媒体等机构建立合作关系，共同策划和制作高质量的汽车短视频内容。同时，通过线下活动、车展等方式宣传和推广付费内容与服务，提高用户的认知度和参与度。此外，还可以与电商平台合作，实现付费内容的电商变现，为用户提供更便捷的购买渠道。

6. 版权保护

版权保护是汽车短视频付费内容与服务的重要保障。需要建立完善的版权保护机制，确保付费内容的原创性和合法性。采用技术手段对内容进行加密和防盗链处理，防止未经授权的复制和传播。同时，加强版权意识教育，提高用户和创作者对版权保护的重视程度。对于侵权行为，采取法律手段进行维权和追责。

7. 数据分析与优化

通过数据分析可以了解用户的行为和喜好，为优化付费内容与服务提供依据。需要建立完善的数据收集和分析系统，对用户的观看行为、付费情况、互动情况等进行实时跟踪和分析。根据数据分析结果，调整内容策划、价格策略、推广策略等，提高付费内容的吸引力和用户的付费意愿。同时，不断优化用户体验和界面设计，提高用户的满意度和留存率。

汽车短视频账号
变现学生工作页

技能训练　制定汽车短视频账号变现方案

1. 准备工作（表5-3）

表5-3　制定汽车短视频账号变现方案技能训练准备工作

场地准备	设备准备	工具准备	课堂布置
对应数量的桌椅	一体机	大白纸、笔	分组练习

2. 分组讨论

为满足用户对高质量汽车内容的需求，同时实现内容创作者的商业价值，根据知识储备内容，针对汽车短视频主要变现方式制定详细的变现方案。

3. 展示评比

各小组推选一名同学在一体机上进行展示，老师进行总结并点评。

4. 评价表（表5-4）

表5-4 制定汽车短视频账号变现方案技能训练评价表

评价项目	品牌广告合作（30分）	直播带货与短视频带货（30分）	付费内容与服务提供（30分）	综合评价（10分）	总分（100分）
评价标准	1. 根据汽车厂商或相关品牌与短视频账号合作，运用怎样的方式进行品牌宣传和推广 2. 利用直播与短视频带什么货，以及怎样实现销售转化 3. 提供哪些付费内容和服务，以及怎样获得收益			礼仪规范语言组织	自评得分（ ）
第　组					
点评记录	优点				
	缺点				

5. 自我总结

汽车短视频账
号粉丝维系

学习任务三 汽车短视频账号粉丝维系

情境描述

王同学在汽车短视频账号变现成功后，非常珍视与粉丝之间建立的深厚联系。他深知，粉丝的支持是他能够持续创作和发展的重要动力。因此，他决定进行一系列粉丝维系活动，以表达他对粉丝的感激之情，并加深彼此之间的情感纽带，于是他组织了线上粉丝见面会、线下活动等。在他的努力下，他与粉丝之间的关系越来越紧密，粉丝们不仅成为他的忠实观众和支持者，还成为他的朋友和合作伙伴。他们一起分享着对汽车的热爱和追求，共同创造着更多美好的记忆。

情境分析

短视频平台上的内容创作者面临着激烈的竞争，他们需要通过各种策略来吸引和保持观众的关注。粉丝维系是关键的一环，因为它直接关系到内容的传播范围、观众的互动程度以及经济收益。王同学想要做好粉丝维系，首先就要做好与粉丝互动沟通，尽力提升粉丝的忠诚度。同时，建设与管理粉丝社群，与粉丝建立亲密关系，这样才能增加粉丝黏性，在竞争激烈的短视频平台上脱颖而出，建立起稳定的粉丝基础。

学习目标

知识目标

- 能描述汽车短视频账号粉丝维系的概念和意义。
- 能描述汽车短视频账号粉丝互动沟通的方法。
- 能描述汽车短视频账号粉丝社群建立的方法。
- 能描述汽车短视频账号提升粉丝忠诚度的方法。

技能目标

- 会与汽车短视频账号粉丝进行良好的互动沟通。

- 会建立和管理汽车短视频账号粉丝社群。
- 会提升汽车短视频账号粉丝忠诚度。

素养目标

- 具有创新精神和服务意识。
- 具有良好的沟通能力。
- 具有分析问题和解决问题的能力。
- 具有情绪的自我掌控及调节能力。

在汽车短视频领域，粉丝维系是一项至关重要的工作。它不仅关乎账号的短期活跃度和影响力，更对账号的长期发展和商业价值产生深远影响。

知识储备一 粉丝维系的意义与策略

所谓汽车短视频账号粉丝，指的是对某一汽车短视频账号或创作者发布的汽车相关内容有浓厚兴趣，并长期关注、支持其内容的观众群体。他们可能热衷于了解汽车评测、驾驶技巧、汽车文化等相关知识，或者对某一汽车品牌或车型有特别的偏好。汽车短视频粉丝通常会通过点赞、评论、分享、转发等方式表达对内容的喜爱，并可能基于内容的吸引力而购买相关产品或服务。

汽车短视频账号粉丝维系是指针对认同和喜爱该账号的粉丝群体，所进行的一系列互动、服务和关系管理活动。这些活动旨在加强粉丝与账号之间的联系，提高粉丝的忠诚度和活跃度，从而保持粉丝的长期关注和支持，为汽车短视频账号的稳定发展和商业价值提升奠定基础。

一、粉丝维系的意义

汽车短视频账号粉丝维系的意义在于增强用户黏性、提升品牌形象、拓展用户群体、增加内容曝光和提高转化效率。这些方面相互影响、相互促进，共同推动汽车短视频账号的持续发展和商业价值提升。

1. 增强用户黏性

用户黏性是衡量一个账号吸引力的关键指标。对于汽车短视频账号而言，通过有效的粉丝维系，可以加强与粉丝之间的情感联系，提高粉丝对账号的认同感和归属感。这种黏性将使粉丝更加关注账号的动态，积极参与互动，形成稳定的用户群体。这对于提高账号的活跃度和留存率具有重要意义。

2. 提升品牌形象

汽车短视频账号作为汽车品牌的重要宣传渠道之一，其形象直接影响到观众对品牌的认知和评价。通过粉丝维系，账号可以传递出专业、可信赖的品牌形象，增强观众对品牌的信任感和好感度。这种信任感和好感度将促进品牌口碑的传播，吸引更多潜在用户关注和购买，从而提升品牌的市场竞争力。

3. 拓展用户群体

通过粉丝维系，汽车短视频账号可以吸引更多具有相同兴趣和需求的用户加入。这些新用户将为账号带来新的视角和观点，可以丰富账号的内容形式，提高账号的吸引力和影响力。同时，新用户之间的相互推荐和分享也将进一步扩大账号的用户基础，形成良性循环。

4. 增加内容曝光

粉丝维系不仅可以提高账号的活跃度和留存率，还可以增加账号内容的曝光量。当粉丝对账号的内容产生浓厚兴趣时，他们更有可能将内容分享到社交媒体或其他平台上，吸引更多潜在用户关注和观看。这种传播效应可以使账号的内容在短时间内获得广泛的曝光和关注，提高账号的知名度和影响力。

5. 提高转化效率

在汽车短视频领域，转化效率是衡量账号商业价值的重要指标之一。通过粉丝维系，账号可以深入了解粉丝的需求和偏好，制定更符合粉丝期望的内容和产品策略。这将使粉丝更加愿意购买账号推荐的产品或服务，提高账号的转化效率和商业价值。同时，通过粉丝的口碑传播和推荐，还可以吸引更多潜在用户进行购买，进一步提升账号的商业价值。

二、粉丝类型

汽车短视频账号的粉丝类型可以根据其关注动机、互动频率、参与度等多个维度进行分类。

1. 内容粉丝

这类粉丝关注账号主要是因为对其发布的汽车短视频内容感兴趣，如汽车评测、驾驶技巧、汽车文化等。他们会定期观看视频，点赞、评论和分享内容，并积极参与账号发起的讨论和话题。根据数据统计，汽车类内容在短视频平台中占据重要地位，因此内容粉丝占比较大。

2. 品牌粉丝

这类粉丝对某一汽车短视频账号背后的汽车品牌有深厚情感，主要关注与品牌相关的内容。他们除了观看视频外，还会关注账号发布的品牌活动、新产品信息，并积极参与品牌的线上线下活动。品牌粉丝的忠诚度通常较高，对品牌的支持更加持久和稳定。

3. 互动粉丝

这类粉丝热衷于与账号进行互动，如参与问答、投票、抽奖等互动活动。他们频繁在评论区留言，与主播或其他粉丝交流，这可以增加账号的活跃度和曝光度，对账号的发展具有积极影响。

4. 专业粉丝

这类粉丝对汽车领域有深入了解或从事相关工作，关注账号主要是为了获取专业知识或行业动态。他们除了观看视频外，还会积极与账号进行专业领域的交流，分享自己的见解和经验，这可以提升账号的专业性和权威性，吸引更多潜在粉丝的关注。

5. 潜在消费者

这类粉丝对汽车或相关产品有一定兴趣，关注账号主要是为了获取购车或产品信息。他们可能会观看多个汽车短视频账号的内容，进行比较和选择。

潜在消费者是汽车短视频账号的重要变现对象，通过精准的推荐和营销可以转化为实际消费者。

三、粉丝维系的策略

粉丝类型并不是单一的，一个粉丝可能同时具备多种类型的特征。此外，随着时间和市场环境的变化，粉丝类型也可能发生转变或重叠。因此，汽车短视频账号在维系粉丝时需要根据不同粉丝类型的特点和需求制定相应的策略。

1. 提供有价值的内容

针对粉丝的兴趣和需求，定期创作并发布高质量的汽车短视频内容，确保内容的专业性、趣味性和时效性，满足粉丝的观看需求。例如，针对内容粉丝定期发布具有实用性和时效性的汽车内容；如新车评测、驾驶技巧分享等，调研粉丝需求，针对热门话题和关注点制作专题内容；针对专业粉丝可发布具有专业深度和广度的汽车内容，如技术解析、行业报告等，邀请汽车领域专家或从业者进行访谈或合作，提升内容的权威性；针对潜在消费者可发布与购车、用车相关的实用内容，如购车指南、保养知识等。

2. 加强互动与沟通

通过社交媒体、评论区、私信等方式与粉丝进行互动沟通，积极回应粉丝的留言和评论，增加粉丝的参与感和归属感。例如，针对品牌粉丝和互动粉丝可以定期举办线上或线下活动，如问答、抽奖、线下见面会等，策划有趣的互动活动，如车友问答、车辆知识竞赛等，激发粉丝的参与热情，增强粉丝对品牌的忠诚度；还可以设立专门的粉丝社群或群组，鼓励粉丝之间的互动和交流，形成紧密的社群关系。

3. 给予粉丝福利和回馈

为粉丝提供独家内容或福利，如粉丝专享的优惠、限量版商品等。定期举办针对粉丝的优惠活动或折扣，感谢粉丝的长期支持。邀请粉丝参与内容创作或决策，提高他们的参与感和归属感。

4. 了解并满足粉丝需求

通过数据分析等手段，了解粉丝的喜好和需求，制定更符合粉丝期望的内容策略。关注粉丝的反馈和建议，及时调整内容方向和形式，提高粉丝的满意度。定期向粉丝征集意见和建议，鼓励他们参与内容的创作和优化过程。

5. 维护良好的品牌形象

保持内容的专业性和客观性，避免发布虚假或误导性的信息，树立积极、正面的品牌形象，传递正能量和正面价值观。要及时处理与粉丝之间的纠纷或争议，保持与粉丝之间的良好关系。

知识储备二　粉丝互动与沟通技巧

汽车短视频账号作为汽车文化传播和汽车品牌推广的重要渠道，受到了越来越多用户的关注。为了提升账号的影响力和粉丝的黏性，有效的粉丝互动与沟通技巧显得尤为重要。

一、粉丝互动与沟通技巧

1. 了解粉丝需求

了解粉丝的需求是建立良好互动关系的基础。汽车短视频账号需要深入了解粉丝的兴趣点、观看习惯、购车需求等，以便更精准地推送符合粉丝期望的内容。可以通过数据分析工具、调查问卷、互动反馈等方式收集粉丝的需求和意见，为后续的互动和沟通提供参考。

2. 保持高频互动

高频互动是增强粉丝黏性的关键。汽车短视频账号应定期发布内容，保持与粉丝的频繁交流。在发布视频时，可以通过设置话题标签、引导粉丝评论和分享等方式，鼓励粉丝积极参与互动。同时，及时回复粉丝的评论和私信，展现对粉丝的关心和尊重。

3. 策划互动活动

策划有趣、实用的互动活动，是吸引粉丝关注和参与的重要手段。汽车短视频账号可以结合热门话题、节日庆典等时机，策划线上线下相结合的互动活动，如问答、抽奖、投票等。通过活动设置奖品和奖励机制，激发粉丝的参与热情，提升账号的曝光度和粉丝黏性。

4. 制作互动内容

制作具有互动性的内容，能够吸引粉丝的关注和参与。汽车短视频账号可以尝试使用问答、挑战、互动剧情等形式制作内容，引导粉丝在观看过程中进行思考和互动。同时，结合时下流行的互动元素，如弹幕、表情包等，增加内容的趣味性和互动性。

5. 合作与联动

与其他汽车短视频账号、汽车品牌或 KOL 进行合作与联动，能够扩大账号的影响力和粉丝群体。汽车短视频账号可以寻求与具有共同目标和兴趣的其他账号或品牌进行合作，共同策划互动活动和内容，实现资源共享和互利共赢。同时，邀请知名 KOL 进行合作，借助其影响力和粉丝基础，吸引更多粉丝关注和参与。

6. 持续创新

持续创新是保持账号活力和吸引力的关键。汽车短视频账号需要不断探索新的互动形式和内容形式，以满足粉丝不断变化的需求和期待。可以通过引入新技术、尝试新的拍摄手法和后期处理等方式，提升内容的视觉效果和观看体验。同时，关注行业动态和趋势，及时调整和优化互动策略和内容方向，保持账号的竞争力和生命力。

二、与粉丝建立亲密关系的技巧

1. 真诚对待粉丝

作为一位汽车短视频创作者，与粉丝建立亲密关系的第一步是真诚对待粉丝。在与粉丝互动时，要展现真实的自己，表达对粉丝的感谢和关心，同时要尊重和倾听粉丝的建议和想法。

2. 不定期送出惊喜福利

给粉丝一些精心福利，是建立亲密关系的有效方式之一。可以不定期地发布一些礼物、优惠券等福利活动，让粉丝感受到被重视和关爱的情感，从而增强与粉丝之间的亲密度。

3. 分享粉丝的创作

在短视频平台上，很多粉丝也是具备一定的创作才能的。作为创作者，要积极关注和支持粉丝的创作，将一些优秀的作品分享给更多的人，同时表达对粉丝的鼓励和认可，进一步增加与粉丝的亲密度。

4. 定期开展线下见面会

除了线上互动，定期举办一些线下的见面会也是与粉丝建立亲密关系的重要手段。通过线下见面会，可以和粉丝们面对面交流，亲自感受到粉丝对自己的支持和热爱，进一步增强粉丝与创作者之间的互动和关系。

知识储备三　粉丝社群建设与管理

当今社交媒体的兴起使得网红和影响者们能够与粉丝建立更为紧密的联系。拥有一个稳定的粉丝社群是非常重要的，这意味着他们将有更广泛的影响力和更高的市场知名度。

汽车短视频账号粉丝社群指的是由共同兴趣、爱好或目标聚集在一起，围绕某个特定的汽车短视频账号形成的一个互动和交流的平台或群体。这个社群的成员主要是该汽车短视频账号的粉丝，他们通过平台上的互动功能（如评论、点赞、分享等）来表达对账号内容的喜爱，交流关于汽车的话题，甚至参与账号发起的各种活动。

通过建设和管理汽车短视频账号粉丝社群，不仅可以增强粉丝的黏性和活跃度，提升用户对账号的满意度和忠诚度，还能为汽车品牌的推广和营销提供有力支持。

一、粉丝社群的特点

1）共同兴趣：社群成员对汽车领域有共同的兴趣和爱好，这是他们聚集在一起的基础。

2）互动交流：社群成员之间以及他们与账号之间保持着频繁的互动和交流，通过评论、讨论等方式分享观点、经验和感受。

3）内容分享：除了账号发布的内容外，社群成员还会分享自己发现的有趣、有用的汽车相关信息或内容。

4）活动参与：社群成员会积极参与账号发起的各种线上线下活动，如问答、抽奖、试驾体验等。

5）情感联系：在社群中，成员之间可能建立深厚的情感联系，形成一个紧密的社群关系网。

6）品牌传播：对于汽车短视频账号来说，粉丝社群是品牌传播和影响力扩大的重要渠道之一。

二、粉丝社群建设与管理

汽车短视频账号在传播汽车文化、推广汽车品牌等方面发挥着重要作用。为了更好地与粉丝互动、提升用户黏性，建设并管理一个活跃的汽车短视频账号粉丝社群显得尤为重要。

1. 明确社群定位与目标

确定社群的核心价值和主题是首要任务，汽车短视频账号粉丝社群应围绕汽车文化、汽车知识、购车咨询等方面展开，为粉丝提供一个交流、学习、分享的平台，同时明确社群的发展目标，如提升粉丝数量、提高用户活跃度、增强用户黏性、促进品牌传播等。

2. 提供优质内容

根据社群定位和目标，策划符合粉丝需求的内容，如汽车评测、驾驶技巧、行业动态等，注重内容的质量和专业性，确保内容具有价值性、趣味性和时效性，并且保持内容更新的频率，定期发布新的汽车短视频内容，保持粉丝的关注度。

3. 互动与沟通

通过粉丝评论、点赞、分享等方式鼓励粉丝参与互动，增加粉丝的参与感和归属感。例如，对粉丝的评论和留言进行及时回复，展现对粉丝的关心和尊重；定期发布热门话题或讨论点，引导粉丝进行讨论和交流，提升社群的活跃度。

4. 激励机制

为鼓励粉丝积极推广社群，可以设置基于其推广效果的激励机制。例如，设立积分制度，对积极参与互动的粉丝进行积分奖励，激励粉丝更积极地参与社群活动；设立等级制度，根据粉丝的活跃度、贡献度等因素设置不同等级，并给予相应的特权和奖励；定期为社群粉丝提供限时优惠或专属福利，增加粉丝的黏性和忠诚度。

5. 社群活动

社群活动是群内活跃气氛的重要方式，通过社群活动还可以使社群达到吸粉、裂变。例如，举办线上问答、抽奖、投票等活动，增加粉丝的参与度和黏性；组织线下见面会、试驾体验、自驾游等活动，增强粉丝之间的线下交流和互动；与其他汽车短视频账号或品牌进行跨平台联动活动，扩大社群影响力。

6. 社群管理

为确保社群的健康、有序和高效运作，就需要制定明确的社群规则和管理制度，确保社群的秩序和良好氛围。例如，设立管理员岗位，负责社群的日常管理和维护，及时处理违规行为和不良信息；定期对社群数据进行分析和评估，了解粉丝的活跃度和参与度，为社群管理提供参考依据。

7. 用户体验

在社群运营中，提升用户体验是非常重要的。例如，优化社群界面设计，确保界面简洁、美观、易用；根据粉丝的反馈和需求，不断优化社群功能，提升用户体验；提供专业的客户服务支持，解决粉丝在使用过程中遇到的问题和困难。

汽车短视频账号粉丝社群的建设与管理是一个持续的过程，需要不断地探索和实践。通过努力打造一个活跃、有价值的汽车短视频账号粉丝社群，为汽车文化的传播和汽车品牌的推广做出更大的贡献。

知识储备四　粉丝忠诚度提升方法

粉丝忠诚度是指汽车短视频账号的粉丝对该账号所发布内容的喜爱、认同和持续关注的程度。这种忠诚度体现在粉丝对汽车短视频账号的持续关注、积极互动、分享转发等多个方面。

粉丝忠诚度的提升，不仅有助于增加账号的曝光度和影响力，还能够促进粉丝之间的交流和互动，构建更加紧密的粉丝社群。因此，对于汽车短视频账号来说，提升粉丝忠诚度是提升账号价值和影响力的重要途径之一。

1. 提供高质量内容

提供有价值、高质量的汽车短视频内容，确保内容具有时效性、实用性和可读性。通过深度解析汽车知识、专业评测、购车指南等内容，满足粉丝对汽车领域的需求。另外还要注重内容策划，根据粉丝的兴趣和需求，策划有针对性的内容主题，确保内容能够引起粉丝的共鸣和关注。

2. 定期更新与互动

制定合理的发布计划，定期更新内容，保持账号的活跃度和粉丝的关注度。根据粉丝的反馈和需求，适时调整更新频率和内容类型。及时回复粉丝的评论和私信，展现对粉丝的关心和尊重。通过这些积极的互动和回复，增强粉丝的参与感和忠诚度。

3. 策划互动活动

举办线上活动，如问答、抽奖、投票等，增加粉丝的参与度和黏性，提升粉丝对社群的关注度和归属感。组织线下活动，如试驾体验、自驾游等，增强粉丝之间的线下交流和互动。线下活动可以让粉丝更深入地了解汽车文化和品牌，提升忠诚度。

4. 引入激励机制

设立积分制度，对积极参与互动的粉丝进行积分奖励，激发粉丝的参与热情。积分可以用于兑换奖品或享受特殊权益，增加粉丝的归属感。还可以提供限时优惠，为社群粉丝提供限时优惠或专属福利，增加粉丝的黏性和忠诚度，如推出限时折扣、优惠券等。

5. 合作与联动

与其他汽车自媒体合作，通过合作推广活动，共享资源，扩大账号的曝光率和影响力。合作活动可以吸引更多的关注和粉丝，提升账号的知名度和粉丝忠诚度。与汽车品牌合作，共同策划和发布内容，提高内容的权威性和专业性。通过与品牌合作，增强粉丝对账号的信任感和忠诚度。

6. 用户体验优化

界面设计优化，确保社群界面简洁、美观、易用，提供良好的用户体验。优化后的界面设计可以提高粉丝的留存率和忠诚度。进行功能优化，根据粉丝的反馈和需求，不断优化社群功能，提升用户体验。例如，增加搜索功能、优化推送算法等，提高粉丝的使用效率和满意度。

7. 建立个人品牌

塑造独特风格，在内容创作和互动中塑造独特的个人风格或品牌形象，增强粉丝的辨识度和忠诚度。通过分享专业知识、提供行业见解等方式，强化个人或账号的专业形象，赢得粉丝的信任和尊重。

技能训练　制定汽车短视频粉丝维系方案

汽车短视频账号粉丝维系学生工作页

1. 准备工作（表5-5）

表5-5　制定汽车短视频粉丝维系方案技能训练准备工作

场地准备	设备准备	工具准备	课堂布置
对应数量的桌椅	无	大白纸、笔	分组练习

2. 分组讨论

在当前竞争激烈的汽车短视频领域，维护和提升粉丝的忠诚度和活跃度对于账号的长期发展至关重要。从内容策划、互动活动、社群管理、粉丝福利、数据分析、品牌合作以及客户服务等方面，为汽车短视频账号提供一套完整的粉丝维系方案。

3. 展示评比

各小组推选一名同学进行展示，老师进行总结并点评。

4. 评价表（表5-6）

表5-6　制定汽车短视频粉丝维系方案技能训练评价表

评价项目	内容策划（10分）	互动活动（10分）	社群管理（10分）	粉丝福利（10分）	数据分析（10分）	品牌合作（10分）	客户服务（10分）	综合评价（30分）	总分（100分）
评价标准	1. 深入了解目标粉丝群体，策划符合其喜好的内容主题，创作高质量的汽车短视频并定期发布 2. 举办线上线下活动，鼓励粉丝互动 3. 建立粉丝社群，制定社群规则制度等 4. 为粉丝提供优惠、限时折扣、积分兑换等活动 5. 定期分析粉丝数据，根据数据分析结果调整优化策略 6. 与汽车品牌建立合作，引入更多资源等 7. 提供专业的客户服务支持等							方案全面语言组织	自评得分（　　）
第　组									
点评记录	优点								
	缺点								

5. 自我总结

汽车短视频账
号矩阵

学习任务四　汽车短视频账号矩阵

情境描述

　　通过精心策划推流活动、制定创新变现策略和精心维系粉丝，王同学的汽车短视频账号近期取得了显著的成果，也赢得了领导的表扬和赞赏。然而，他并没有满足于现状。他深知，在这个竞争激烈的汽车市场中，要想进一步提升品牌影响力，扩大受众范围，需要更加创新和系统的策略。于是，他开始思考如何搭建一个汽车短视频账号矩阵。他一边想象着这个账号矩阵的蓝图，一边在脑海中勾勒出具体的实施步骤和计划。他相信，只要坚持下去，这个账号矩阵一定能够成为品牌传播的有力武器，帮助品牌实现更大的突破和成功。这将是他职业生涯中的一次重要挑战，也是他实现梦想的一个重要步骤。

情境分析

　　短视频平台众多，但用户量和发展潜力各不相同，矩阵布局可以确保品牌内容在多个平台同时被用户看到，提高品牌曝光度。王同学需要首先考虑矩阵账号构成、账号关联与协同，以及如何布局矩阵与账号结构优化；再根据矩阵推广效果，进行调整与优化，最终提高品牌影响力和销量的增加。

学习目标

知识目标

- 能描述汽车短视频账号矩阵的概念与构成。
- 能描述账号关联与协同策略。
- 能描述矩阵布局及账号结构优化的方法。
- 能描述矩阵推广效果评估的方法。

技能目标

- 会进行汽车短视频账号关联。

- 会进行账号矩阵布局。
- 会优化账号结构。
- 会评估矩阵推广效果，并根据效果制定调整策略。

素养目标
- 具有创新意识和大局意识。
- 具有数据分析的能力。
- 具有不断摄取新知识的能力，保持敏锐的网感。

深入了解账号推广策略，并根据账号特性进行矩阵搭建，不仅可以吸引更多粉丝，增加产品曝光量，还可以提高产品传播效果和宣传效果。

知识储备一　账号矩阵构成与搭建意义

汽车短视频账号矩阵是一个系统化的短视频账号布局，旨在通过多个相关联的账号，形成合力，以提升品牌影响力、扩大受众覆盖范围和增强用户黏性。

一、账号矩阵类型与定位

汽车品牌抖音号可以分为总部号、区域号、门店号、KOC 号四类，每类账号承担不同的角色和功能。

1. 总部号

这是品牌整体的代表，可以是品牌官方账号，用于发布官方信息、品牌形象塑造以及重要活动的宣传。其数量通常为一个，确保品牌的权威性和一致性。

2. 区域号

它是以地理区域划分的账号，如某个省份或城市的官方账号。这类账号更贴近当地用户，可以发布与当地汽车市场相关的内容，加强与用户的互动。

其数量可以根据品牌覆盖的地理区域数量而定，如每个省份或大城市设置一个区域号。

3. 门店号

它是以具体门店为单位的账号，主要用于展示门店服务、促销活动、车辆展示等，与用户建立更直接的联系。其数量可根据品牌门店数量而定，每个门店可设置一个或多个门店号。

4. KOC（关键意见消费者）号

它是品牌创始人、高管、员工、代理商员工以及忠诚用户等的个人账号。这些账号通过分享个人对汽车品牌的看法、使用体验等，增强用户对品牌的信任感和归属感。其数量可根据品牌需要而定，可邀请多位 KOC 参与，增强品牌的口碑传播。

二、账号层级划分

根据品牌需求，可以将账号划分为核心账号、辅助账号和特色账号等不同层级，确保每个层级的账号都能为品牌传播做出贡献。

三、搭建账号矩阵意义

汽车短视频账号搭建矩阵不仅可以提高品牌曝光度和流量稳定性，还可以实现内容的多元化发展、降低风险以及提升运营效率和数据分析能力。这些优势对于汽车品牌在短视频领域的推广和发展至关重要。

1. 提高品牌曝光率

通过搭建短视频账号矩阵，品牌可以在多个平台上同时展示内容，实现更广泛的覆盖。根据研究报告显示，单一平台上的品牌曝光率可能只有 30%，但通过搭建短视频账号矩阵，整体曝光率可以提高到 70% 以上。

2. 稳定流量

矩阵运营能让作品在不同平台间形成良性互动，稳定流量。当一个平台上的粉丝对你感兴趣时，他们很可能会去其他平台关注你，从而扩大和稳定粉丝群体。数据分析显示，通过搭建矩阵，某汽车品牌的月活跃用户量增长了50%，且用户留存率也有所提升。

3. 多元化内容发展

不同的短视频平台有不同的用户特点和内容需求，矩阵运营可以针对不同平台尝试不同的内容风格，实现多元化发展。

4. 降低风险

依赖单一平台可能存在政策调整、算法变化等风险。搭建矩阵可以将风险分散到多个平台上，降低潜在的损失。例如，当某个平台政策变动导致内容受限时，其他平台的账号仍能继续运营，确保品牌内容的持续输出。

5. 提升运营效率

矩阵式运营可以实现内容的一键发布、批量发布，能提高运营效率，减轻运营人员的工作负担。同时，通过短视频矩阵系统，企业或个人可以统一管理多个账号，方便内容创作和更新。

6. 数据整合与精准分析

短视频账号矩阵可以方便地进行全平台数据统计和分析，为后续内容创作和运营策略提供有力支持。通过数据整合和精准分析，品牌可以更好地了解各平台的数据表现、受众画像和用户行为等，制定更精准的营销策略。

知识储备二　账号关联与协同策略

在汽车短视频领域，为了提升账号的影响力、实现资源优化配置并加强粉丝体验，构建一个高效的关联与协同策略显得尤为重要。在汽车短视频营销过程中，通过合理的布局和策略，使多个短视频账号之间形成紧密的关联和协同关系，以实现品牌宣传、用户互动、流量共享等多方面的效益。

一、账号关联

账号关联是指不同汽车短视频账号之间建立起直接或间接的联系，以便更好地相互支持和补充。关联方式包括但不限于以下几种：

1）互相关注：不同账号之间互相关注，形成粉丝的互通有无，增加各自账号的曝光度。

2）转发评论：在发布视频时，可以互相转发和评论，形成账号间的互动，提高用户的参与度。

3）合作拍摄：不同账号之间可以合作拍摄短视频，共同推出新的内容，增加话题性和关注度。

4）联合活动：通过举办联合活动，如线下车展、试驾体验等，促进账号间的深度合作，提高品牌影响力。

二、账号协同

账号协同是指多个汽车短视频账号在内容、发布策略、营销目标等方面形成协同一致的关系，以实现整体效益的最大化。协同方式包括但不限于几种：

1）内容协同：不同账号之间在内容主题、风格、形式等方面保持一致性，形成品牌独特的短视频风格，提高品牌辨识度。

2）发布协同：通过制订合理的发布计划，确保不同账号在发布时间上有所协同，避免内容冲突，提高用户的观看体验。

3）营销协同：不同账号之间在营销目标、策略、预算等方面保持协同一致，确保整体营销效果的最大化。

4）数据分析协同：通过对各个账号的数据进行综合分析，了解用户喜好、行为习惯等信息，为未来的内容创作和营销策略提供有力支持。

三、账号关联与协同的效益

通过汽车短视频账号的关联与协同，可以实现多个账号之间相互关联和协同，从而形成合力，提高品牌的曝光度和知名度；通过账号间的互动和合作，可以吸引更多用户的参与和关注，提高用户互动率和黏性；通过账号间的相互引流和流量共享，可以提高各个账号的流量和影响力，实现互利共赢；通过账号间的协同营销，可以更好地实现营销目标，提高转化率和销售额。

汽车短视频账号关联与协同是提升汽车品牌短视频营销效果的重要手段之一。通过合理的布局和策略，可以使多个短视频账号之间形成紧密的关联和协同关系，从而实现品牌宣传、用户互动、流量共享等多方面的效益。

知识储备三　矩阵布局与账号结构优化

布局一个层次分明、内容互补的汽车短视频账号矩阵，提升品牌在短视频平台上的影响力和用户互动是实现营销目标的关键。

一、矩阵布局方法

汽车短视频账号矩阵布局是指汽车品牌在短视频平台上建立多个相互关联、协同工作的账号体系，以覆盖更广泛的用户群体、提供多元化的内容、并实现更高效的品牌传播和营销目标。下面以抖音为例来讲解矩阵布局方法。

1. 创建主账号

主账号是在抖音上建立品牌形象的关键。确保主账号设置有吸引人的头像、简洁明了的简介，以及与品牌形象相符的内容。主账号应该是所有其他账号的核心，为其他账号提供统一的品牌形象和信息。

2. 添加子账号

在主账号下创建多个子账号，每个子账号可以专注于不同的内容主题。例如，某汽车品牌主账号要创建子账号，那么可以创建一个子账号专注于汽车保养小知识，另一个子账号专注于汽车配件等。这样可以更好地满足不同受众的需求，并且使品牌形象更加多元化。

3.制定内容战略

针对每个子账号，制定相应的内容战略，确定每个子账号的定位、目标受众、发布频率、内容类型等。根据受众的喜好和需求，创作吸引人的视频内容，并确保每个子账号都保持活跃。

4.相互链接和互动

在不同的子账号之间相互链接和互动，通过在视频中引用其他账号的内容或合作推广，增加受众的互动和关注度。这样可以增加品牌的曝光度，并且增强账号之间的连贯性。

5.数据分析与优化

定期分析每个子账号的表现数据，了解受众的兴趣和喜好，优化内容战略。根据分析结果，调整发布频率、内容类型等，以获得更好的效果。

二、账号结构优化策略

汽车短视频账号结构优化是一个持续迭代的过程。通过优化的账号结构，可以提升汽车品牌在短视频平台上的影响力和用户互动。在实际操作过程中，需要密切关注市场动态和用户需求变化，灵活调整策略，确保账号矩阵的持续优化和发展。

1.内容协同

确保各类账号在内容策划上保持统一的风格和主题，同时根据各自的特点和定位，发布互补性的内容，形成合力。

2.运营策略同步

制定统一的运营策略，如发布频率、互动方式等，确保各账号在运营过程中遵循相同的规范和标准。通过互相转发、评论等方式，增强账号之间的联动效应，提升整体影响力。

3.数据管理与分析

建立统一的数据管理系统，整合各账号的数据资源，便于进行数据分析和挖掘。通过数据分析，了解用户需求、市场趋势和竞争态势，为后续的运营策略调整提供数据支持。

4. 优化账号设置

账号名称、头像、简介等信息要精心设计，展现品牌形象和专业度。关注账号的认证和开通相关功能，提升账号的权威性和可信度。

5. 建立用户互动机制

通过设置话题挑战、发起投票活动、回复评论等方式，鼓励用户参与互动，增强用户对品牌的认知和好感度。

6. 品牌合作与联动

与其他汽车品牌、KOL 或相关产业进行合作与联动，扩大品牌影响力，吸引更多潜在用户。

知识储备四　矩阵推广效果评估与调整

汽车短视频账号矩阵推广效果评估与调整是一个持续的过程，旨在确保矩阵布局能够有效地实现品牌传播和业务增长的目标。

一、矩阵推广效果评估指标

1. 观看量分析

评估各账号的短视频观看量，包括总观看量、平均观看量、观看时长等。分析观看量的变化趋势，识别出受欢迎和不受欢迎的内容类型。

2. 互动率评估

计算点赞、评论、分享等互动行为的比例，了解用户对不同内容的喜好程度。分析互动率与视频内容、发布时间、目标受众等因素的关联性。

3. 转化率分析

监控从观看视频到产生实际购买、咨询等行为的转化率。分析转化率与视频内容、营销策略、优惠活动等因素的关系。

4. 用户反馈收集

通过调查问卷、评论区留言等方式收集用户对视频内容和品牌的反馈意见。整理和分析用户反馈，了解用户对品牌的认知、态度和需求。

5. 品牌形象提升评估

结合口碑传播和用户分享，评估短视频矩阵对品牌形象和口碑的提升程度。通过对比矩阵布局前后的品牌知名度、美誉度等指标，量化品牌形象的提升效果。

二、效果调整方法

1. 内容策略优化

根据观看量、互动率等指标，优化内容选题、呈现形式和拍摄风格，提升视频吸引力。尝试将短视频与直播、图文等形式相结合，形成丰富多样的内容矩阵。

2. 平台选择与定位调整

分析不同平台的特点和用户群体，根据评估结果调整账号在各平台的分布和定位。拓展新的短视频平台，以覆盖更广泛的用户群体。

3. 矩阵布局与互动策略调整

根据数据分析结果，优化矩阵布局，如增加或减少某类账号、调整账号层级等。制定更有效的互动策略，如增加互动环节、回复评论、发起话题讨论等，提高用户参与度。

4. 推广渠道与资源分配

根据不同平台的表现和用户需求，调整推广渠道和资源分配，以实现更好的传播效果。探索与其他媒体、网红或意见领袖的合作机会，扩大短视频的传播范围和影响力。

5. 数据分析工具应用

充分利用短视频平台提供的数据分析工具，实时监控和分析关键指标的变化趋势。通过数据分析结果指导内容创作、发布策略、营销策略等方面的优化和调整。

汽车短视频账号矩阵推广效果评估与调整是一个持续迭代的过程。通过定期评估各项指标、收集用户反馈并根据数据分析结果进行优化调整，可以确保矩阵布局始终与品牌传播和业务增长的目标保持一致。同时，不断探索新的平台、合作机会和营销手段，可以为短视频矩阵带来更多的可能性和机遇。

汽车短视频账号
矩阵学生工作页

技能训练　制定搭建账号矩阵方案

1. 准备工作（表5-7）

表5-7　制定搭建汽车短视频账号矩阵方案技能训练准备工作

场地准备	设备准备	工具准备	课堂布置
对应数量的桌椅	无	大白纸、笔	分组练习

2. 分组讨论

根据知识储备内容，选择一国产汽车品牌，制定搭建汽车短视频账号矩阵的详细方案，包括以下内容：

1）目标定位与规划：矩阵所要达成的业务目标、品牌形象塑造的方向以及目标受众群体。规划则包括短期、中期和长期的运营计划，明确各阶段的目标和任务。

2）账号类型选择：根据目标定位和规划，选择合适的账号类型。账号类型可以包括品牌官方账号、产品系列账号、区域特色账号、KOC（关键意见消费者）账号等。

3）内容策划：内容策划是矩阵建设的关键环节。需要制定符合目标受众需求的内容主题、风格和发布计划。

4）运营策略：运营策略是矩阵成功的关键。需要制定有效的互动、合作和推广策略，提高矩阵的影响力和用户黏性。

5）资源整合：资源整合是确保矩阵顺利运行的基础。需要整合内外部资源，为矩阵建设提供有力支持。

6）风险管理：风险管理是确保矩阵稳定发展的关键。需要识别潜在风险并制定应对策略，降低风险对矩阵的影响。

3. 展示评比

各小组推选一名同学进行展示，老师进行总结并点评。

4. 评价表（表 5-8）

表 5-8　制定搭建汽车短视频账号矩阵方案技能训练评价表

评价项目	目标定位与规划（10分）	账号类型选择（10分）	内容策划（20分）	运营策略（20分）	资源整合（10分）	风险管理（10分）	综合表现（20分）	总分（100分）
评价标准	\	\	1. 业务目标：明确矩阵的主要业务目标，如提升品牌知名度、增加潜在客户、促进销售转化等；品牌形象：根据品牌定位和市场需求，塑造专业的汽车品牌形象，突出品牌的独特价值和优势；目标受众：分析目标受众的需求、兴趣和行为特征，制定符合其喜好的内容策略 2. 品牌官方账号：作为矩阵的核心，发布品牌官方信息、新产品推广等内容；产品系列账号：针对不同产品系列开设独立账号，展示产品特点和优势；区域特色账号：根据地区特色开设账号，发布与当地市场相关的内容；KOC账号：邀请汽车领域的专家、意见领袖开设账号，分享专业知识和购车经验 3. 内容主题：根据品牌特点和目标受众需求，确定内容主题，如车型介绍、汽车文化、驾驶技巧等；内容风格：制定统一的内容风格，确保矩阵内各账号的风格一致性，同时，根据不同账号的定位和特点，调整内容风格的细微差异；发布计划：根据目标受众的活跃时间和观看习惯，制订合理的发布计划，确保内容能够触达目标受众 4. 互动策略：鼓励用户参与互动，如评论、分享和点赞等，及时回复用户评论和反馈，提高用户满意度和忠诚度；合作策略：积极寻求与汽车领域的其他媒体、网红或意见领袖的合作机会，扩大短视频矩阵的传播范围和影响力；推广策略：通过付费推广、SEO优化等方式提高视频的曝光量和点击率，同时，关注平台推荐的算法规则，提高视频的推荐率和自然流量				整体效果语言组织	自评得分（　）

（续）

	评价标准						整体效果 语言组织	自评得分 （　　）
评价 标准	5. 内部资源：充分利用企业内部的资源，如产品、技术、团队等，为矩阵建设提供内容和技术支持；外部资源：积极寻求与外部合作伙伴的资源共享和互补，如媒体、网红、意见领袖等，共同推动矩阵的发展 6. 平台政策风险：密切关注平台政策的变化，及时调整内容策略以适应政策要求；内容风险：确保内容真实、准确、合法，避免涉及虚假宣传、侵权等问题；运营风险：制定科学的运营计划和风险控制措施，降低运营过程中可能出现的风险							
第　组								
点评 记录	优点							
	缺点							

5. 自我总结

学习任务五　汽车短视频账号舆情管理

汽车短视频账
号舆情管理

情境描述

　　王同学负责的汽车短视频账号在过去几个月里取得了显著的成果，不仅粉丝数量激增，视频的观看量和点赞量也屡创新高，成为汽车短视频领域的佼佼者。然而，最近一段时间，一些不和谐的声音引起了他的注意。一些观众对他的最新视频提出了质疑，甚至有人指责他的内容存在误导和夸大其词的成分。随着时间的推移，这些质疑和批评的声音开始在社交媒体上扩散，形成了一股不小的负面舆情。王同学意识到，如果不及时处理这些舆情，他的账号声誉和观众信任度都将受到严重的影响。于是他迅速组织团队召开紧急会议，商讨应对策略。经过几天的努力，舆情逐渐得到了控制，观众的信任度也开始恢复。

　　在这个过程中，王同学深刻体会到作为一个短视频创作者的责任和担当。他意识到，只有不断倾听观众的声音、尊重他们的需求和权益、提高自己的专业素养和创作能力，才能赢得他们的信任和支持。在未来的日子里，他将更加努力地做好自己的本职工作，为观众带来更多优质、有价值的内容。

情境分析

　　随着短视频的迅速发展，网络上充斥着各种各样的言论，这些言论来源广泛，内容丰富多样，反映了不同人的观点、态度、情感和利益诉求。王同学作为短视频创作者能有这样的责任和担当，值得大家学习。在汽车短视频账号的舆情管理中，面对网络上这些多样化的言论，如何有效处理并维护品牌形象，是一个重要挑战。要全面监测和分析舆情态势，针对负面舆情积极回应和沟通消费者需求，注重正向宣传并加强法律法规意识，这样才能有效地应对网络上各种言论挑战并维护品牌形象。

✅ 学习目标

知识目标

- 能描述舆情监测方法和工具。
- 能描述针对负面舆情应对的策略。
- 能描述正向舆情引导的方法。

技能目标

- 会进行网络舆情监测。
- 会针对负面舆情积极回应并沟通消费者需求。
- 会正确引导正向舆情。

素养目标

- 具有奉献精神和服务意识。
- 具有良好的网络舆论生态和职业道德修养。
- 具有法律法规意识。

汽车短视频账号舆情监测与分析对于车企及相关品牌具有重要意义。通过有效的舆情监测、分析工具和方法，可以及时了解公众反馈和市场需求，指导企业制定正确的营销策略和产品改进方向。

知识储备一 舆情监测与分析

舆情指的是与汽车短视频账号相关的各种公众意见、情感、态度、评价和舆论的总和。这些舆情通常来自社交媒体平台、短视频平台、论坛、新闻网站等渠道，涉及汽车短视频内容、汽车品牌、车型、服务等各个方面的讨论和评价。

舆情管理是指针对汽车领域的短视频账号，通过一系列的方法和手段，对其在社交媒体和其他在线平台上产生的舆情进行监测、分析、引导和应对的过程。

一、舆情分类

通过对汽车短视频账号舆情分类和分析，可以帮助汽车品牌更好地了解公众需求和期望，优化产品和服务质量，提高品牌知名度和美誉度。同时，也可以及时发现和应对潜在的风险和挑战，保障品牌的稳健发展。

1. 情感倾向分类

1）正面舆情：公众对汽车短视频账号及其相关内容持有积极、正面的评价和态度，如赞美、喜爱、推荐等。

2）负面舆情：公众对汽车短视频账号及其相关内容持有消极、负面的评价和态度，如批评、抱怨、抵制等。

3）中性舆情：公众对汽车短视频账号及其相关内容的评价态度较为中立，没有明显的情感倾向。

2. 内容分类

1）产品评测类舆情：公众对汽车短视频中展示的车型、性能、配置等方面的评价、讨论和意见。

2）品牌形象类舆情：公众对汽车品牌形象的认知、评价和情感倾向，包括对品牌文化、价值观、品牌活动等方面的关注。

3）服务体验类舆情：公众对汽车品牌提供的售前、售中、售后服务体验的评价和反馈，如购车咨询、维修保养、投诉处理等方面的意见。

3. 来源分类

1）社交媒体平台舆情：来自微博、抖音、快手等社交媒体平台的公众讨论和评价。

2）短视频平台舆情：来自抖音、快手、B站等短视频平台的观众评论、弹幕和点赞等互动数据。

3）论坛与新闻网站舆情：来自汽车论坛、专业新闻网站等渠道的公众意见和报道。

4.影响力分类

1）高影响力舆情：具有广泛传播范围和较强影响力的舆情事件或话题，可能对汽车品牌声誉和市场份额产生较大影响。

2）低影响力舆情：传播范围较小、影响力较弱的舆情事件或话题，可能对汽车品牌产生一定影响但较为有限。

二、舆情监测

舆情监测是一项至关重要的任务，它能帮助车企及相关品牌及时了解公众对其在短视频平台上发布内容的反馈、态度和情感倾向。

1.舆情监测主要目的

（1）品牌监测与保护

实时监控公众对汽车品牌、产品、服务等在短视频平台上的评价和反馈，及时发现并应对可能的负面舆情，保护品牌形象。

（2）市场趋势洞察

分析公众在短视频平台上的讨论热点和趋势，为汽车产品的开发、营销策略制定等提供数据支持。

（3）危机预警与应对

在舆情危机发生前，通过监测预警潜在风险；在危机发生后，及时了解公众情绪，指导企业迅速制定应对策略。

2.舆情监测方法

（1）关键词监测

围绕汽车品牌、车型、活动等设置关键词，实时监测短视频平台上与这些关键词相关的内容。

（2）情感分析

利用自然语言处理技术对短视频的评论、弹幕等进行情感分析，判断公众对汽车品牌或产品的情感态度。

（3）内容分析

深入分析短视频内容，了解公众对汽车产品的关注点、需求等，为产品优化提供依据。

3. 舆情监测工具

（1）社交媒体监测工具

如微博分析、抖音数据分析等，这些工具能够实时监控短视频平台上的内容、评论、互动等，并提供数据分析报告。

（2）舆情分析软件

如识微商情、知微等数据化、智能化的舆情分析软件，能够实现对全网舆情的实时监测、情感分析、趋势预测等功能。

三、舆情分析

汽车短视频账号的舆情分析在当前数字时代尤为重要，因为这些账号通常拥有大量粉丝，能够迅速传播信息并影响公众对汽车行业和相关品牌的看法。

1. 内容分析

短视频内容包括汽车测评、新车发布、驾驶技巧、行业资讯、维修保养等。不同内容类型的舆情关注点可能有所不同，例如，汽车测评视频可能引发关于车辆性能、价格、性价比等方面的讨论。对监测到的舆情内容进行深入分析，了解消费者的需求、期望和关注点，以及他们对汽车产品和服务的态度。

2. 情感倾向分析

1）通过分析评论和互动数据中的情感倾向，判断公众对视频内容的正面、负面或中性态度。

2）通过视频的传播范围、点赞量、评论量等指标评估其影响力。

3）观察视频的观看量、粉丝增长等数据，了解公众对汽车行业的关注度。

3. 趋势预测

根据历史数据和当前舆情态势，预测未来舆情的发展趋势，为品牌策略的制定提供参考。

汽车短视频账号舆情监测与分析，旨在全面把握短视频平台上与汽车品牌相关的舆情动态，从而确保品牌形象的正面传播并及时应对潜在风险。

知识储备二　负面舆情应对策略

汽车短视频账号已成为汽车品牌推广、产品介绍和消费者互动的重要渠道。然而，在信息传播迅速、公众参与度高的网络环境下，汽车短视频账号也面临着负面舆情的风险。

在汽车短视频领域中，负面舆情的管理和应对对于账号的长远发展至关重要。当遇到负面舆情时，汽车短视频账号需采取一系列清晰、有效的策略，以减少不良影响并恢复品牌形象。

一、负面舆情处理原则

1）及时性原则：一旦发现负面舆情，应立即采取措施进行处理，避免事态扩大和恶化。

2）客观性原则：以客观、公正的态度对待负面舆情，不隐瞒事实真相，不歪曲事实。

3）透明性原则：在处理负面舆情的过程中，应保持信息公开和透明，及时向公众发布进展和结果。

4）针对性原则：针对不同类型的负面舆情，采取不同的处理措施和方法，做到具体问题具体分析。

5）预防性原则：加强日常管理和监督，预防类似负面舆情再次发生。

二、负面舆情应对策略

1. 快速响应机制

设立专门的舆情监测团队，利用技术手段实时监测网络舆情，确保在第一时间发现负面舆情。一旦发现负面舆情，立即上报给账号管理层，以便迅速启动应对程序。

2. 深入调查事实

迅速收集与负面舆情相关的所有信息，包括视频内容、评论、转发等。对收集到的信息进行详细分析，了解事件的来龙去脉，确保对负面舆情的真实情况有全面、深入的了解。

3. 公开透明沟通

通过官方渠道发表声明，回应社会关切，解释事实真相，消除误解和疑虑。在事件处理过程中，定期发布进展报告，确保公众对事件处理情况有充分了解。

4. 积极处理反馈

对于用户的评论和反馈，积极回应，表示重视和关心；对于用户的投诉和维权诉求，予以重视，并及时处理，确保消费者利益得到保障。

5. 完善内容监管

加强发布内容的审核，确保内容真实、准确、合法，避免发布虚假、误导性信息。同时鼓励公众积极参与监督，设立举报机制，对发现的违规内容进行及时处理。

6. 建立危机预案

根据历史经验和行业特点，提前预测可能出现的负面舆情风险，制定相应的危机预案。在危机预案中明确各相关部门的职责和任务，确保在危机发生时能够迅速启动应对程序。

7. 提升用户满意度

根据用户需求和市场趋势，不断优化内容质量和表现形式，提升用户观看体验。同时加强与用户的互动和沟通，了解用户需求和反馈，持续改进和优化服务。

汽车短视频账号在运营过程中，需要时刻关注舆情动态，建立健全的舆情应对机制，确保在负面舆情发生时能够迅速、有效地应对。同时，也需要加强内容监管和提升用户满意度，以维护账号的品牌形象和长期稳定发展。

知识储备三　正向舆情引导与传播策略

在汽车短视频领域，正向舆情的引导与传播对于提升品牌形象、增强用户黏性至关重要。

1. 内容策略

（1）高质量内容创作

制作具有专业性、趣味性和实用性的汽车短视频内容，满足用户的多样化需求。内容可以涵盖汽车测评、新车发布、驾驶技巧、行业资讯等方面。

（2）正向价值观传递

在视频中传递积极向上的价值观，如安全驾驶、环保出行、科技创新等，增强用户对品牌的认同感和好感度。

（3）互动元素设计

在视频中加入互动元素，如问答、投票、抽奖等，激发用户的参与热情，提高用户黏性。

2. 传播策略

（1）利用社交媒体平台

在抖音、快手、微博等社交媒体平台上积极发布视频内容，扩大品牌曝光度。通过定期更新、热门话题参与、与用户互动等方式，提高用户关注度和参与度。

（2）精准定位目标用户

根据账号定位和目标用户群体，精准推送相关视频内容，提高用户点击率和转化率。同时，关注目标用户的反馈和需求，不断优化内容策略。

（3）合作与联动

与汽车行业相关企业、机构或 KOL 进行合作，共同推广视频内容。通过互相引流、联合推广等方式，实现资源共享和互利共赢。

3. 互动策略

（1）及时回复用户评论

对于用户的评论和反馈，及时回复并表达感谢。这不仅可以提高用户满意度，还可以增加用户对账号的关注和互动。

（2）开展线上线下活动

举办与汽车相关的线上线下活动，如试驾体验、车友聚会等，吸引用户参与并分享活动经历。通过这些活动，增强用户与品牌的联系和互动。

（3）建立用户社群

建立用户社群，如微信群、QQ群等，为用户提供一个交流和分享的平台。在社群中定期发布汽车资讯、活动信息等，增强用户黏性和忠诚度。

4. 品牌策略

（1）塑造品牌形象

通过高质量的视频内容和积极的传播策略，塑造出专业、有趣、有温度的汽车短视频品牌形象，让用户对品牌产生信任和好感。

（2）提升品牌价值

在视频中强调品牌的核心价值和独特卖点，提升品牌知名度和美誉度。同时，通过与其他品牌或IP的联名合作等方式，提升品牌价值和影响力。

通过以上四个方面的策略实施，汽车短视频账号可以实现正向舆情的引导与传播。同时需要注意的是，在实施过程中要关注用户反馈和市场变化，不断优化策略并调整方向，以确保账号的长期稳定发展。

技能训练　根据案例进行舆情处理

汽车短视频账号舆情管理学生工作页

1. 准备工作（表5-9）

表5-9　根据案例进行舆情处理技能训练准备工作

场地准备	设备准备	工具准备	课堂布置
对应数量的桌椅	无	大白纸、笔	分组练习

2. 分组讨论

假设某知名汽车品牌在短视频平台上发布了一款新车的推广视频，通过舆情监测发现以下情况：

1）正面舆情：多数用户对新车的外观设计、性能配置等表示满意，认为该车型具有市场竞争力。

2）中性舆情：部分用户表示对新车了解不多，需要进一步了解车型详情和价格信息。

3）负面舆情：少数用户对新车的某些细节提出质疑，如内饰材质、油耗等，并表达了不满情绪。

针对上述舆情，小组成员讨论如何为该汽车品牌做出反应。

3. 展示评比

各小组推选一名同学进行展示，老师进行总结并点评。

4. 评价表（表 5-10）

表 5-10　根据案例进行舆情处理技能训练评价表

评价项目	正面舆情处理（30分）	中性舆情处理（30分）	负面舆情处理（30分）	综合表现（10分）	总分（100分）
评价标准	1. 对于正面舆情的处理，例如，可以通过官方账号回复感谢用户的支持和认可，并鼓励用户进一步了解车型详情 2. 对于中性舆情处理，例如，可以通过发布更多关于车型的详细信息、试驾体验等内容，增加用户的了解和兴趣 3. 对于负面舆情处理，应高度重视用户的反馈和质疑，并尽快进行调查和回复。同时，可以针对用户提出的问题进行改进和优化，提升产品的竞争力和用户满意度			礼仪规范 语言组织	自评得分（　　）
第　组					
点评记录	优点				
	缺点				

5. 自我总结

学习任务一　数据采集与分析

数据采集与分析

💧 情境描述

　　王同学在汽车短视频领域已小有成就，随着研究的深入，他逐渐发现了一些有趣的规律。他发现，某些类型的汽车短视频更受消费者的欢迎，而某些内容则相对冷门。他还发现，不同地区、不同年龄段的消费者对汽车的需求和偏好也存在差异。这些发现让王同学兴奋不已，他感觉自己正在逐步揭开市场的面纱。在这个过程中，王同学也意识到了数据采集与分析的重要性。他明白，只有通过精确地收集和分析数据，才能为汽车企业提供有价值的决策支持。因此，他决定将自己的研究继续深入下去，为汽车行业的发展贡献自己的力量。

🖊 情境分析

　　王同学不断学习和探索的精神值得我们敬佩。在这个信息爆炸的时代，数据是最宝贵的资源，数据采集能够为企业提供大量关于市场趋势、消费者偏好和需求的信息。通过分析这些数据，企业可以更准确地把握市场动态，制定符合消费者期望的产品策略和营销策略。要想获取准确的数据，就需要掌握数据采集和数据分析的工具与方法，以及流程与规范等。

✅ 学习目标

知识目标

- 能描述汽车短视频账号数据指标。
- 能描述汽车短视频账号数据采集与分析的目的意义。

- 能描述数据采集与分析的工具与方法。
- 能描述数据采集与分析的流程与规范。

技能目标
- 会根据流程使用工具采集汽车短视频账号数据。
- 会进行数据的清洗、分类、整理等。
- 会根据流程使用工具分析采集到的数据。

素养目标
- 具有安全意识、法律意识、责任意识。
- 具有严谨认真的职业素养。
- 具有分析问题、解决问题的能力。

数据采集是分析汽车市场趋势和消费者偏好的重要手段。通过选择合适的采集工具并采用合适的采集方法，可以获取到准确、可靠的数据，为决策提供有力支持。

知识储备一　数据采集工具与方法

一、数据指标

汽车短视频账号的数据指标对于评估其运营效果和用户互动情况至关重要。以下介绍一些主要的汽车短视频账号数据指标。

1. 关注量

关注量是衡量一个短视频账号受欢迎程度的重要指标。关注量越高，说明该账号的内容越受用户欢迎，越有可能吸引更多的粉丝。

2. 转发量与播放量

转发量与播放量是衡量短视频内容传播效果的关键指标。转发量表示视频被多少用户分享，播放量则表示有多少用户观看了这个视频，这两个指标可以帮助了解视频的内容是否具有吸引力，以及是否能够引起用户的共鸣。

3. 点赞量与评论量

点赞量与评论量是衡量短视频内容互动效果的重要指标。点赞量表示有多少用户喜欢这个视频，评论量则表示有多少用户对这个视频进行了评论，通过这两个指标可以了解用户对视频的喜好程度以及视频是否能够引起用户的互动。

4. 粉丝增长率

粉丝增长率是衡量短视频账号运营效果的重要指标，表示在一定时间内粉丝数量的增长速度。通过分析粉丝增长率，可以了解账号的运营效果以及用户对账号的认可度。

5. 平均观看时长与跳出率

平均观看时长与跳出率是衡量短视频内容质量的重要指标。平均观看时长表示用户在观看一个视频时所花费的时间，跳出率则表示在观看一个视频后立即离开的用户比例，通过这两个指标可以了解视频的内容是否吸引人，以及是否能够让用户持续关注。

6. 互动率

互动率综合点赞量、评论量和转发量等互动行为，反映用户与视频内容的互动程度和参与度。互动率的高低是评估用户参与度和内容质量的重要指标。

这些指标综合反映了账号的运营效果、用户互动和内容质量，为汽车企业和内容创作者提供了重要的决策依据。

二、数据采集目的与意义

在当今的数字化时代，汽车短视频账号的数据采集变得愈发重要。这不仅是因为视频内容的流行和普及，更是因为数据本身所蕴含的巨大价值和潜力。

1. 了解消费者偏好与需求

通过采集观看数据、点赞、评论等信息，可以深入了解消费者的喜好、需求和兴趣点。这些数据有助于企业或视频创作者更准确地把握市场动态，制定符合消费者期望的产品策略、营销策略和服务策略。

2. 优化内容创作与定位

数据采集可以帮助汽车短视频账号分析视频内容的受欢迎程度、观众互动情况等，从而判断哪些内容受到用户的喜爱，哪些内容需要改进或调整。基于数据分析的结果，账号可以持续优化内容创作，提高内容的质量和吸引力，增强用户的黏性和活跃度。

3. 评估营销效果与投资回报率

通过采集和分析营销数据，企业可以评估各种营销活动的效果和投资回报率。这有助于企业了解哪些营销策略是有效的，哪些策略需要调整或优化，从而优化资源配置，提高营销效率。

4. 预测市场趋势与风险

数据采集还可以帮助企业预测汽车市场的未来趋势和潜在风险。通过分析历史数据和当前数据的变化趋势，企业可以发现市场的潜在机会和挑战，提前制定相应的战略和计划，以应对市场的变化。

5. 增强用户体验与互动性

通过采集用户在观看汽车短视频时的行为数据（如观看时长、跳出率、回放次数等），可以了解用户对视频内容的喜好和反馈，从而优化用户体验。此外，根据用户的评论和反馈，还可以及时调整内容策略，提高与用户的互动性和黏性。

6. 提升品牌影响力与知名度

通过采集和分析汽车短视频账号的传播数据（如分享次数、转发量、点赞量等），可以了解账号的影响力和知名度。这些数据有助于企业评估自身在市场上的地位和影响力，为品牌建设和推广提供有力支持。

三、数据采集工具与方法

随着汽车短视频内容的迅猛增长，数据采集成为分析汽车市场趋势、消费者偏好和评估内容效果的重要环节。

1. 采集工具

在进行汽车短视频数据采集时，选择合适的工具至关重要。下面介绍一些常用的数据采集工具。

（1）专业爬虫工具

专业爬虫工具能够自定义爬虫规则，实现对特定网站或平台上的汽车短视频数据进行抓取，如 Scrapy、BeautifulSoup 等。

（2）第三方数据平台

部分第三方数据平台提供了汽车短视频相关的数据服务，如播放量、点赞量、评论量等，通过调用这些平台的 API 接口，可以快速获取所需数据。

（3）社交媒体监测工具

社交媒体监测工具能够监测社交媒体上的汽车短视频内容，包括发布时间、转发量、评论内容等，如 BuzzSumo、Brandwatch 等。

（4）视频分析软件

部分视频分析软件能够提取视频中的关键信息，如字幕、标签、音频等，对于分析汽车短视频内容具有一定的帮助。

2. 采集方法

在确定了采集工具后，需要采用合适的方法进行数据采集。

（1）定向采集

根据特定的关键词、标签或发布者，对汽车短视频进行定向采集。这种方法能够获取到与目标主题紧密相关的数据。

（2）批量采集

对于数据量较大的汽车短视频，可以采用批量采集的方式。通过设定采集规则，一次性获取多个视频的数据。

（3）实时采集

对于需要实时获取汽车短视频数据的场景，可以采用实时采集的方法。通过实时监控目标平台或网站，确保数据的及时性和准确性。

（4）数据清洗与整合

在采集到原始数据后，需要进行数据清洗与整合。去除重复、无效或错误的数据，将不同来源的数据进行整合，形成统一的数据集。

四、数据采集注意事项

1. 遵守法律法规

确保数据采集活动符合相关法律法规的要求，特别是关于数据隐私、版权等方面的规定。

2. 尊重他人权益

在采集数据时，尊重他人的权益和隐私。避免侵犯他人的知识产权、肖像权等。

3. 数据质量

确保采集到的数据质量可靠、准确。在采集过程中进行质量控制和验证，减少数据误差和偏差。

4. 安全性

在采集和存储数据时，确保数据的安全性。采用合适的安全措施，防止数据泄露或被非法获取。

5. 合规性

在使用第三方数据平台或 API 接口时，确保合规性。遵守平台的使用协议和规定，避免违规行为导致的风险。

知识储备二 数据采集流程与规范

明确数据采集流程和规范，可以确保汽车短视频账号数据采集的准确性和有效性，为汽车企业和内容创作者提供有力的数据支持和决策依据。

1. 明确数据采集目标

在开始采集数据之前，需要明确数据采集目标究竟是为了了解用户行为、优化广告投放，还是分析市场趋势。一旦明确了目标，你就可以有针对性地采集数据。

2. 选择数据源

根据需求确定数据的来源，这可能包括短视频平台、用户行为追踪系统、外部数据提供商等。选择合适的数据源对于采集的效果和数据质量至关重要。

3. 选择采集工具

通过合适的技术手段和工具从选定的数据源中抓取数据。这可以包括使用网络爬虫、API 接口调用、数据传感器等方式，要确保数据获取的过程稳定、高效，并遵守相关的法律和规定。

4. 制订采集计划

明确采集的时间范围、频率和具体指标，确保数据采集的全面性和准确性。例如，采集关注数、点赞数、评论数、转发数等指标，此外，还可以采集视频发布时间、视频观看量、用户行为等数据。

5. 清洗和处理数据

采集到的原始数据往往有噪声、冗余和不一致等问题，需要进行数据清洗和处理以提高数据的准确性和可用性。这可能包括去除重复数据、处理缺失值、纠正错误等操作。

6. 存储和备份数据

将清洗和处理后的数据存储到合适的存储系统中，以便后续的数据分析和应用。常见的存储技术包括关系型数据库、NoSQL 数据库、数据仓库等。要定期对数据进行备份，防止数据丢失和损坏。

7. 验证数据和质量控制

对采集到的数据进行验证，确保数据的完整性和准确性。这可以通过比对、抽样、异常检测等方法进行。

8. 数据保护和隐私

在进行数据采集的过程中，需要遵循相关的隐私保护法律和规定，确保数据的安全和合规性。这包括对敏感信息进行脱敏处理、数据加密、权限管理等。

知识储备三　数据分析工具与方法

为了更好地利用短视频平台，提高汽车短视频账号的曝光度和用户参与度，数据分析成为不可或缺的一环。

一、数据分析内容

1. 用户需求分析

（1）用户画像构建

通过对用户数据进行分析，构建用户画像，包括用户的基本信息、观看偏好、行为特征等。

（2）用户需求识别

基于用户画像和互动数据，识别用户的真实需求和潜在需求，为后续内容创作和营销策略制定提供依据。

2. 内容表现分析

（1）内容类型分析

分析不同内容类型的观看量、点赞量、评论量等数据，了解用户对各类内容的偏好和接受度。

（2）内容质量评估

评估内容的创意性、专业性、观赏性等方面，了解内容质量对用户体验和账号运营效果的影响。

（3）内容趋势预测

基于历史数据和用户反馈，预测未来内容的发展趋势和潜在热点，为内容创作提供参考。

3. 关键指标评估

（1）曝光量评估

评估短视频的曝光量，了解内容在平台上的传播范围和影响力。

（2）互动量评估

评估短视频的点赞量、评论量、分享量等互动数据，了解用户参与度和内容吸引力。

（3）转化率评估

对于带有商业目的的内容（如购车优惠、试驾邀请等），通过评估转化率，了解营销策略的有效性。

二、数据分析目的与意义

在数字化时代，汽车短视频账号成为汽车企业展示品牌形象、传播产品信息和建立用户连接的重要渠道。通过数据分析，我们能够更好地运营汽车短视频账号，提升品牌影响力和市场竞争力。

1. 用户画像明确

数据分析的首要目的是明确用户画像。通过对用户的基础信息、观看习惯、互动行为等数据的分析，我们能够描绘出目标用户的特征，如年龄、性别、地域、兴趣等。这将有助于我们更准确地把握用户需求，为后续的内容创作和营销策略制定提供有力支持。

2. 内容优化指导

在明确了用户画像后，数据分析能够为我们提供内容优化的指导。通过对比不同内容的观看量、点赞量、评论量等数据，我们可以发现哪些内容更受用户欢迎、哪些内容需要改进。这将有助于我们调整内容方向，提升内容质量，提高用户的满意度和黏性。

3. 营销策略调整

数据分析还能帮助我们调整营销策略。通过对用户互动数据、转化数据等的分析，我们可以了解不同营销策略的效果，如广告投放效果、促销活动参与度等。这将有助于我们优化营销策略，提高营销效率，降低营销成本。

4. 粉丝互动提升

数据分析还能帮助我们提升粉丝互动。通过分析用户的互动行为数据，我们可以了解用户的喜好和需求，从而制定更有针对性的互动策略，如增加互动话题、优化互动方式等。这将有助于我们提高粉丝的参与度和忠诚度，增强用户与品牌的联系。

5. 收入增长潜力挖掘

数据分析还能帮助我们挖掘收入增长潜力。通过对用户购买数据、转化数据等的分析，我们可以了解用户的购买意愿和购买力，从而制定更精准的营销策略和促销方案，提高转化率和销售额。同时，数据分析还能帮助我们发现新的商业机会和增长点，为企业的长期发展提供支持。

6. 竞争态势把握

最后，数据分析还能帮助我们把握竞争态势。通过对竞争对手的账号数据、内容表现、营销策略等的分析，我们可以了解竞争对手的优势和劣势，从而制定更有针对性的竞争策略。这将有助于我们在激烈的市场竞争中保持领先地位，实现持续发展。

三、数据分析工具

在进行汽车短视频账号数据分析时，借助专业的数据分析工具可以提高分析效率和准确性。以下介绍一些常用的数据分析工具。

1. 短视频平台自带的数据分析工具

这些工具通常提供基础的数据统计和可视化功能，方便用户快速了解账号的运营状况。

2. 第三方数据分析平台

这些平台提供更为全面和深入的数据分析功能，如用户画像、内容表现评估、粉丝追踪等，可以满足不同需求的数据分析要求。

3. 社交媒体管理工具

一些社交媒体管理工具也提供短视频数据分析功能，可以方便地将多个平台的数据进行整合和分析。

四、数据分析方法

1. 基础数据分析

基础数据分析是汽车短视频账号数据分析的起点，主要关注账号的基础指标，如粉丝数、视频发布量、视频观看量、点赞量、评论量等。通过对这些基础数据的分析，可以了解账号的整体运营状况，为后续的深入分析提供基础数据支持。

2. 用户互动分析

用户互动分析是评估用户参与度的重要指标。在汽车短视频账号中，用户的互动行为主要包括点赞、评论、分享等。通过对用户互动数据的分析，可以了解用户对视频内容的喜好程度、用户的活跃时间段以及用户互动的规律等，从而调整视频发布时间和内容策略，提高用户参与度。

3. 粉丝数据追踪

粉丝数据追踪是了解粉丝特征和行为的关键环节。通过分析粉丝的地域分布、年龄性别、兴趣爱好等基本信息，以及粉丝的观看历史、互动记录等数据，可以深入了解粉丝的需求和偏好，为精准营销提供有力支持。同时，通过对粉丝的活跃度和流失率的跟踪，可以发现潜在的问题和优化点，及时调整策略以保持粉丝的活跃度。

4. 内容表现评估

内容表现评估是评估视频内容质量的重要指标。通过对视频内容的观看量、点赞量、评论量、分享量等数据的分析，可以了解视频内容的受欢迎程度和传播效果。同时，结合用户反馈和评论内容，可以了解用户对视频内容的评价和建议，为后续的内容创作提供参考。

汽车短视频账号数据分析是提升账号运营效果的重要手段。通过深入分析，可以全面了解账号的运营状况和用户行为特征。根据分析结果制定相应的策略优化措施，可以提高汽车短视频账号的曝光度和用户参与度，为汽车品牌的推广和销售提供支持。

知识储备四　数据分析流程与规范

汽车短视频账号数据分析流程与规范是确保数据分析工作系统性、准确性和有效性的关键。通过规范分析，我们能够更好地了解用户需求、优化内容质量和制定有效营销策略，提升汽车短视频账号的运营效率和市场竞争力。

1. 分析用户画像

首先分析用户画像，包括年龄、性别、地域、职业等基本信息，以及兴趣爱好、消费习惯等行为信息。通过分析用户画像，可以更好地了解用户的需求和行为特征，为后续的运营策略提供数据支持。

2. 分析短视频数据

分析短视频的数据，主要包括播放量、点赞量、评论量、转发量等指标。

通过分析这些指标的变化趋势和分布情况，可以了解短视频在用户中的受欢迎程度和传播效果，进而优化运营策略，提高短视频的质量和影响力。

3. 分析运营效果

分析运营效果，主要包括曝光量、点击率、转化率等指标。通过分析这些指标的变化趋势和分布情况，可以了解运营策略的有效性和针对性，进而优化运营策略，提高短视频的曝光和转化效果。

4. 分析竞品数据

分析竞品数据，主要包括播放量、点赞数、评论数、转发数等指标。通过分析竞品数据的分布情况和趋势，可以了解竞品的运营策略和优劣势，进而制定更加有效的运营策略，提高短视频的竞争力和市场份额。

5. 运用工具进行分析

可以使用工具进行分析，如短视频数据分析工具、Excel 等。通过工具的数据可视化功能，可以更加直观地展示数据的变化趋势和分布情况，进而更好地了解用户需求和行为特征，优化运营策略，提高短视频的曝光和转化效果。图 6-1 所示为达多多抖音数据分析工具。

图 6-1　达多多抖音数据分析工具

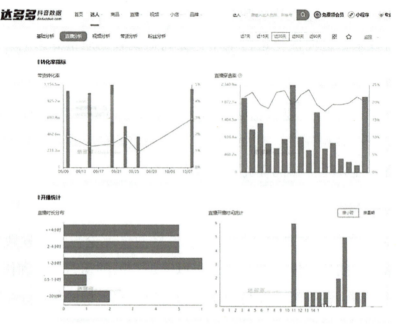

图6-1 达多多抖音数据分析工具（续）

数据采集与分析学生工作页

技能训练 汽车短视频账号数据采集与分析

1. 准备工作（表6-1）

表6-1 汽车短视频账号数据采集与分析技能训练准备工作

场地准备	设备准备	工具准备	课堂布置
对应数量的桌椅	联网电脑或手机	数据采集与分析工具	分组练习

2. 分组讨论

根据知识储备内容，各组对各自的汽车短视频账号数据进行采集与分析，包括以下三个方面：

1）用户需求数据采集与分析。

2）内容表现数据采集与分析。

3）关键指标评估。

3. 展示评比

各小组推选一名同学进行展示，老师进行总结并点评。

4. 评价表（表6-2）

表 6-2　汽车短视频账号数据采集与分析技能训练评价表

评价项目	用户需求数据采集与分析（30分）	内容表现数据采集与分析（30分）	关键指标评估（30分）	综合表现（10分）	总分（100分）
评价标准	1.用户需求数据采集与分析，包括用户画像构建与用户需求识别等　2.内容表现数据采集与分析，包括内容类型分析、内容质量评估和内容趋势预测等　3.关键指标评估，包括曝光量评估、互动量评估和转化率评估等			礼仪规范语言组织	自评得分（　　　）
第　　组					
点评记录	优点				
	缺点				

5. 自我总结

数据应用与优化

学习任务二　数据应用与优化

✍ 情境描述

　　王同学经过系统学习汽车短视频数据采集与分析后，对如何运用数据来提升汽车品牌的曝光度和用户参与度产生了浓厚的兴趣。他明白，在竞争激烈的短视频市场中，有效地运用数据将是汽车品牌脱颖而出的关键。他已经完成了第一轮的汽车短视频数据采集与分析工作，现在正深入探究如何利用这些数据为汽车品牌带来更大的价值。他利用数据分析工具对以往的营销活动进行了深入剖析，提出了一系列新的营销建议。同时，他也意识到数据优化也是一个不可忽视的环节。他决定对数据采集、整理和分析的流程进行优化，提高数据准确性和分析效率。他计划引入更先进的数据分析工具和技术，并对数据分析团队进行定期培训和能力提升。

✍ 情境分析

　　王同学凭借钻研精神与市场敏锐性，为企业制定了科学合理的战略规划。这不仅值得大家学习借鉴，更是我们在未来发展中不可或缺的重要能力。

　　为提升汽车短视频账号的竞争力和影响力，吸引更多的用户关注和参与，就需要根据用户的需求，结合汽车品牌的定位和目标受众的特点，制定相应的策略优化措施。数据运用可以帮助我们更精准地进行推广和营销活动，还可以更清晰地了解账号的运营状况，发现运营中的问题，并及时进行调整。王同学首先要掌握数据驱动决策与优化策略，然后根据数据分析结果指导内容创作，在此过程中还要掌握数据管理的挑战与机遇。

✍ 学习目标

知识目标

- 能描述数据驱动决策的概念、重要性及实施步骤。

- 能描述汽车短视频账号数据与内容创作及推广的结合策略。
- 能描述数据安全管理策略。

技能目标
- 会进行数据驱动决策和数据优化。
- 会在汽车短视频内容创作和推广中正确应用数据。
- 会应对数据管理的挑战和机遇。

素养目标
- 具有持续学习、不断探索的精神。
- 具有敏锐洞察、把握趋势的能力。
- 具有网络安全意识。

在当今数字化时代，数据已经成为企业决策制定和战略优化的核心驱动力。在汽车短视频领域，数据驱动决策与优化已成为提升账号运营效果的关键。

知识储备一　数据驱动决策与优化策略

一、什么是数据驱动决策

汽车短视频账号数据驱动决策，是指汽车企业在运营短视频账号时，以数据为核心，通过深入分析用户行为、内容表现及市场趋势等数据，来指导决策制定和优化策略的过程。这一决策方式强调以客观数据为依据，帮助汽车企业更精准地定位市场、满足用户需求，并提升营销效果和ROI（投资回报率）。这也就意味着企业需要依靠短视频平台提供的丰富数据，如观看量、点赞数、评论数、分享数、转化率等，来评估内容表现、用户反馈和市场效果，从而制定更加精准和有效的运营策略。

二、数据驱动决策的重要性

1. 精准定位市场

通过分析用户数据，企业可以了解目标用户的偏好、需求和观看习惯，从而精准定位市场，创作出更符合用户口味的内容。

2. 优化内容策略

数据分析可以帮助企业了解哪些类型的内容更受用户欢迎、哪些内容能够引发用户互动和参与，从而优化内容创作和发布策略。

3. 提升营销效果

通过监测和分析短视频平台上的数据，企业可以评估整体的营销效果，包括用户互动、用户转化、品牌曝光等指标，并根据数据反馈进行优化，提高营销效果和 ROI。

4. 应对市场变化

数据驱动决策使企业能够及时发现市场趋势和变化，灵活调整策略，以应对不断变化的市场环境。

三、数据驱动决策的具体步骤

1. 明确决策目标

首先需要明确决策的目标和范围，只有明确了决策的目标，我们才能有针对性地分析和利用数据。

2. 数据收集和整理

在明确了决策目标后，通过短视频平台、第三方数据分析工具等方式获取数据，包括用户行为数据、内容表现数据、市场趋势数据等。收集到的数据需要进行整理和清洗，以确保数据的质量和完整性。

3. 数据分析和挖掘

在整理好数据后，可以利用各种数据分析工具和方法对数据进行深入的分析和挖掘。例如，可以采用描述性统计分析、相关性分析、回归分析等方法对数据进行分析，挖掘数据背后的规律和趋势。

4. 生成决策方案

根据分析结果制定决策，优化短视频内容和运营策略，如调整内容方向、优化发布时间、加强用户互动等。

5. 决策实施和监控

最后需要将决策方案付诸实施，并进行监控和评估。通过不断地收集反馈和数据，我们可以对决策的效果进行评估和调整。

汽车短视频账号数据驱动决策是一种基于客观数据制定和优化运营策略的方式，它能够帮助汽车企业更精准地定位市场、满足用户需求并提升营销效果。在未来，随着数据技术的不断发展和普及，数据驱动决策将成为更多行业和企业的重要选择。

四、汽车短视频账号优化策略

1. 内容策略优化

1）根据用户喜好和热点话题，不断创新选题，确保内容具有新鲜感和吸引力。

2）注重内容的深度和价值，提升用户的认知度和认同感。

3）尝试不同的拍摄手法、剪辑技巧和配乐选择，让内容更具观赏性和感染力。

4）引入汽车领域的专业人士或 KOL 进行合作，提高内容的权威性和可信度。

2. 发布策略优化

1）根据用户活跃时间，选择最佳的发布时间，以提高内容的曝光率和互动率。

2）利用短视频平台的推荐算法，通过优化标题、标签等元素，提高内容的搜索排名和曝光量。

3）定期举办互动活动，如抽奖、问答等，通过引导用户参与互动，提高用户黏性。

3. 推广策略优化

1）利用短视频平台的广告功能，进行精准投放，提高账号的知名度和曝光率。

2）与其他汽车相关账号或KOL进行合作推广，扩大内容的传播范围。

3）通过社群运营、私域流量等方式，构建自己的用户生态，提高用户留存和转化率。

五、定期复盘与调整

1. 定期复盘

1）对比不同时间段的数据表现和内容策略调整情况，发现策略中的不足和问题。

2）关注行业动态和竞争对手的表现，以便及时调整自己的运营策略。

2. 策略调整

1）根据复盘结果，对内容策略、发布策略和推广策略等进行调整和优化。

2）引入新的内容形式和互动方式，持续激发用户的兴趣和参与度。

3）加强与用户的沟通和互动，了解用户的需求和反馈，以便更好地满足用户的期望。

汽车短视频账号数据驱动决策与优化策略是一个持续的过程，需要不断收集和分析数据，根据数据结果调整和优化策略，以实现更好的运营效果和更高的用户满意度。

知识储备二　数据与内容创作和推广的结合

随着短视频平台的崛起，汽车品牌在数字营销领域迎来了新的机遇与挑战。为了有效提升品牌影响力，促进产品销售，汽车短视频账号的运营需紧密结合数据洞察与内容创新，实施全方位、多渠道的推广策略。

1. 账号数据分析

账号数据分析是运营的基础，它帮助企业了解用户行为、内容表现及市场趋势。通过收集并分析观看量、点赞量、评论量、分享率、转化率等关键指标，企业可以明确用户喜好、内容热度及市场反馈。具体实施步骤如下：

1）建立数据追踪体系：利用短视频平台提供的数据分析工具或第三方软件，设置关键指标追踪。

2）定期报告与分析：定期生成数据分析报告，对各项指标进行深入分析，找出规律和趋势。

3）数据洞察：基于数据分析结果，洞察用户需求、内容偏好及市场变化，为后续决策提供依据。

2. 数据驱动内容创作

内容创作紧密围绕品牌定位、用户需求及市场趋势展开，确保内容既符合品牌形象，又能吸引并满足目标受众。具体实施步骤如下：

1）明确受众定位：基于账号数据分析结果，明确目标受众的年龄、性别、兴趣等特征，为内容创作提供方向。

2）多样化内容类型：结合产品介绍、驾驶体验、技术解析、品牌故事等多种内容类型，保持内容的丰富性和多样性。

3）紧跟热点趋势：关注行业动态、社会热点及用户兴趣变化，及时调整内容创作方向，确保内容的新鲜度和时效性。

3. 内容创意优化

创意是内容吸引用户的关键。在内容创作过程中，应注重创意的构思与实现，确保内容既有趣又有料。具体优化策略如下：

1）独特视角：从用户角度出发，寻找独特的切入点和表现方式，使内容更具吸引力和感染力。

2）高质量制作：提升视频画质、音效、剪辑等制作水平，确保内容在视觉上达到专业水准。

3）互动元素：增加问答、挑战、投票等互动环节，提高用户参与度和黏性。

4. 推广策略

利用短视频平台内置推广工具、社交媒体、KOL合作等多种渠道，进行内容推广。具体策略如下：

1）多渠道推广：除了短视频平台自身的推广资源外，还应积极利用社交媒体、博客、论坛等多渠道进行内容分发。

2）联动推广：通过跨平台合作、KOL（关键意见领袖）推广、线下活动联动等方式，扩大内容的曝光度和影响力。

3）搜索引擎优化：利用SEO（搜索引擎优化）技巧，提高视频在搜索引擎中的排名，吸引更多潜在用户。

5. 持续运营

通过持续的内容更新和互动管理，保持账号的活跃度和用户黏性。具体运营策略如下：

1）定期更新：保持内容的定期更新，确保用户持续关注和互动。

2）互动管理：积极回复用户评论、私信，开展话题讨论、问答活动等形式的互动，增强用户的参与感和归属感。

3）社群建设：建立并维护粉丝社群，通过设立粉丝社群、组织线下活动等方式，进一步拉近与用户的距离，建立稳固的品牌社群。社群建设不仅有助于提升用户黏性，还能为内容创作提供源源不断的灵感和素材。

6. 评估与调整

通过定期评估账号表现和用户反馈，包括评估观看量、点赞量、评论量、分享率、转化率等关键指标，发现存在的问题和不足，为后续的运营策略调整提供依据。具体的调整策略如下：

1）内容调整：根据用户反馈和数据分析结果，对内容方向、创意表现等进行调整优化。

2）推广策略调整：根据推广效果评估结果，调整推广渠道、预算分配等策略。

3）运营策略优化：结合账号表现和用户反馈，持续优化运营策略，提升账号整体表现。

汽车短视频账号的运营需以数据分析为基础，以内容创作为核心，以推广策略为手段，通过持续运营和评估调整，实现账号的长期稳定发展。

知识储备三　数据管理的挑战与机遇

在大数据时代，数据管理面临着前所未有的挑战和机遇。随着互联网和信息技术的快速发展，海量的数据源源不断地涌现，数据的价值和影响力也日益凸显。

一、数据管理的挑战与机遇

随着汽车行业的数字化转型加速，汽车短视频账号已成为品牌传播、用户互动及市场洞察的重要平台。然而，在充分利用数据驱动运营的同时，汽车短视频账号也面临着诸多挑战与机遇，以下从八个方面进行探讨。

1. 数据整合

1）挑战：汽车短视频账号数据往往来源于多个平台、渠道和工具，包括短视频平台、社交媒体、网站等，数据的碎片化导致整合难度大，难以形成全面的用户画像和市场洞察。

2）机遇：利用先进的数据整合技术，如 API 接口、数据仓库等，实现多源数据的统一管理和分析，通过构建数据湖或数据仓库，提升数据处理效率和准确性，为精准营销提供坚实基础。

2. 精准度与实时性

1）挑战：数据的精准度和实时性直接影响营销决策的效果，不准确的数据可能导致决策失误，而滞后的数据则无法及时反映市场变化。

2）机遇：采用大数据分析和人工智能技术，提高数据处理的精准度和效率，通过实时监控系统，确保数据的及时更新和反馈，为快速响应市场变化提供可能。

3. 内容创新匮乏

1）挑战：随着短视频内容的泛滥，用户对于内容创新的要求越来越高，缺乏新意和创意的内容难以吸引用户关注和留存。

2）机遇：借助数据分析工具，深入了解用户需求和兴趣点，挖掘潜在的内容创作方向；同时，鼓励内容创作者发挥创新思维，尝试新的表现形式和叙事手法，提升内容的吸引力和竞争力。

4. 高效管理工具

1）挑战：短视频账号的运营管理涉及内容创作、发布、推广、数据分析等多个环节，需要高效的管理工具来支持。

2）机遇：市场上已涌现出多款专业的短视频账号管理工具，如内容管理系统（CMS）、数据分析平台等，这些工具能够简化管理流程，提高工作效率，助力品牌实现精细化管理。

5. 用户互动难题

1）挑战：在短视频平台上，用户互动是提升账号活跃度和用户黏性的关键，然而，如何有效促进用户互动，提高用户参与度，是品牌面临的一大难题。

2）机遇：通过数据分析了解用户互动行为和偏好，制定针对性的互动策略，利用短视频平台的互动功能，如评论、点赞、分享等，激发用户参与热情；同时，建立用户社群，增强用户之间的交流和互动，提升用户黏性。

6. 数据驱动决策

1）挑战：虽然数据驱动决策已成为行业共识，但如何将海量数据转化为有价值的洞察，为决策提供有力支持，仍是品牌需要解决的问题。

2）机遇：加强数据分析团队的建设和培训，提升数据分析能力和洞察力，借助数据分析工具和方法，深入挖掘数据背后的规律和趋势，为品牌决策提供科学依据；同时，建立数据驱动的决策文化，鼓励团队成员基于数据做出决策和行动。

7. 私域流量转化

1）挑战：在短视频平台上积累的用户流量如何有效转化为私域流量，实现用户的长期留存和转化，是品牌关注的重点。

2）机遇：通过内容营销、社群运营等方式，引导用户关注品牌官方账号或加入品牌社群，建立稳定的私域流量池，利用私域流量进行精准营销和个性化推荐，提高转化率和用户满意度；同时，通过数据分析优化私域流量运营策略，提升用户留存和活跃度。

8. 市场趋势洞察

1）挑战：市场环境的快速变化要求企业具备敏锐的市场洞察力和预见性，然而，如何准确捕捉市场趋势和消费者需求变化，是企业面临的另一大挑战。

2）机遇：利用大数据和人工智能技术，对市场趋势和消费者行为进行深入分析，通过监控竞品动态、分析用户反馈等方式，及时发现市场机会和潜在风险；同时，结合企业自身特点和优势，制定针对性的市场策略和产品规划，以抢占市场先机。

二、数据安全管理

在数字化时代，汽车短视频账号作为汽车企业与消费者沟通的重要桥梁，承载着大量的用户数据和敏感信息。因此，确保这些数据的安全性与隐私性，对于维护品牌形象、保障用户权益至关重要。以下从八个方面探讨数据安全管理策略。

1. 隐私政策明确

制定并公开清晰、详细的隐私政策，明确告知用户个人信息的收集范围、使用目的、处理方式及保护措施，确保用户知情权与选择权。具体做法如下：

1）隐私政策应简洁明了，避免使用晦涩难懂的专业术语。

2）明确告知用户数据的收集范围，如个人信息、浏览记录、地理位置等。

3）详细说明数据使用目的，如改进服务、个性化推荐、数据分析等。

4）承诺不将用户数据用于非法或未经用户同意的用途。

2. 数据收集规范

遵循最小化收集原则，仅收集与提供服务直接相关的必要数据，并确保收集过程合法、合规。具体做法如下：

1）在收集用户数据前，明确告知用户收集目的和范围，并获得用户同意。

2）避免过度收集用户数据，尤其是敏感信息。

3）定期检查并优化数据收集流程，确保符合法律法规要求。

3. 敏感数据保护

对涉及用户隐私和安全的敏感数据采取特殊保护措施，防止未经授权的访问和泄露。具体做法如下：

1）对敏感数据进行标识和分类管理。

2）实施严格的访问控制和权限审批机制。

3）定期对敏感数据进行安全审计和风险评估。

4. 加密存储与传输

用先进的加密技术对数据进行存储和传输，确保数据在传输过程中不被截获和篡改，在存储时不被非法访问。具体做法如下：

1）使用符合行业标准的加密算法对敏感数据进行加密存储。

2）确保数据传输通道的安全性，如使用 HTTPS 协议。

3）定期对加密技术进行评估和升级，以应对新的安全威胁。

5. 访问权限控制

实施严格的访问权限控制策略，确保只有经过授权的人员才能访问相关数据。具体做法如下：

1）遵循最小权限原则，为用户分配必要的访问权限。

2）定期对访问权限进行审查和更新，及时收回不必要的权限。

3）采用多因素认证等安全措施，提高访问控制的安全性。

6. 安全教育与宣传

加强员工和用户的安全意识教育，提高他们对数据安全的认识和防范能力。具体做法如下：

1）定期对员工进行数据安全培训，普及网络安全知识和法律法规。

2）通过官方渠道向用户宣传数据安全知识，提醒用户注意保护个人隐私。

3）建立安全举报机制，鼓励员工和用户积极报告安全隐患和违规行为。

7. 应急响应预案

制定完善的应急响应预案，以应对数据安全事件和突发情况，减少损失和影响。具体做法如下：

1）建立健全的数据安全事件报告、处理、评估和反馈机制。

2）定期组织应急演练，提升团队的应急响应能力和协同作战能力。

3）确保应急响应团队具备专业的技能和工具，能够迅速应对各种安全威胁。

8. 法律法规遵守

严格遵守国家和地方的数据保护法律法规，确保数据处理活动的合法性和合规性。具体做法如下：

1）密切关注数据保护法律法规的动态变化，及时调整和完善内部管理制度。

2）定期进行合规性审查和自我评估，确保业务活动符合法律法规要求。

3）如有需要，聘请专业的法律顾问或咨询机构提供法律支持和服务。

汽车短视频账号的数据安全管理是一个系统性工程，需要从多个方面入手，全面提升数据安全防护能力，有效保障用户数据的安全性和隐私性，为汽车企业的长期发展奠定坚实的基础。

技能训练　制定汽车短视频账号运营策略

数据应用与优化学生工作页

1. 准备工作（表6-3）

表6-3　制定汽车短视频账号运营策略技能训练准备工作

场地准备	设备准备	工具准备	课堂布置
对应数量的桌椅	联网电脑或手机	数据采集与分析工具	分组练习

2. 分组讨论

根据上一任务的数据分析结果，制定各组短视频账号运营策略，包括以下几个方面：

1）账号数据分析。

2）数据驱动内容创作策略。

3）内容创意优化策略。

4）推广策略。

5）持续运营策略。

6）评估与调整策略。

3. 展示评比

各小组推选一名同学进行展示，老师进行总结并点评。

4. 评价表（表6-4）

表6-4　制定汽车短视频账号运营策略技能训练评价表

评价项目	账号数据分析（10分）	数据驱动内容创作策略（10分）	内容创意优化策略（10分）	推广策略（10分）	持续运营策略（10分）	评估与调整策略（10分）	综合表现（40分）	总分（100分）
评价标准	1. 通过对账号关键指标追踪，分析用户需求、内容偏好和市场变化，制定策略 2. 关注行业动态、社会热点及用户兴趣变化，制定调整内容创作方向的策略 3. 制定汽车短视频内容创意优化策略 4. 通过数据分析评估推广效果，制定调整推广策略 5. 为保持账号的活跃度和用户黏性，制定持续运营策略 6. 根据用户反馈和数据分析结果，制定内容调整、推广渠道和运营优化策略						制定策略完整性和可行性、语言组织	自评得分（　　）
第　　组								
点评记录	优点							
	缺点							

5. 自我总结